Thomas Schrott

Rollentausch in der dualen Berufsausbildung

Was Ausbilder/-innen von
ihren Lehrlingen lernen

Diplomica Verlag GmbH

Schrott, Thomas: Rollentausch in der dualen Berufsausbildung: Was Ausbilder/-innen von ihren Lehrlingen lernen. Hamburg, Diplomica Verlag GmbH 2013

Buch-ISBN: 978-3-8428-9544-7
PDF-eBook-ISBN: 978-3-8428-4544-2
Druck/Herstellung: Diplomica® Verlag GmbH, Hamburg, 2013

Bibliografische Information der Deutschen Nationalbibliothek:
Die Deutsche Nationalbibliothek verzeichnet diese Publikation in der Deutschen Nationalbibliografie; detaillierte bibliografische Daten sind im Internet über http://dnb.d-nb.de abrufbar.

© Diplomica Verlag GmbH
Hermannstal 119k, 22119 Hamburg
http://www.diplomica-verlag.de, Hamburg 2013
Printed in Germany

Kurzfassung

Lehrstellensuchenden werden häufig unzureichende Qualifikationen für einen erfolgreichen Berufseinstieg attestiert. Unbeachtet bleibt dabei, dass Jugendliche meist im Besitz von Wissen sind, welches in Bewerbungsgesprächen verborgen bleibt und erst danach in Erscheinung tritt. Diese Untersuchung beleuchtet dieses Wissen und gibt Antworten auf die Frage „Was lernen Ausbilder/innen von ihren Lehrlingen am Arbeitsplatz im Rahmen der dualen Berufsausbildung?"

In Ermangelung aktueller Forschungsergebnisse werden verwandte Konzepte, wie mitarbeitergeleitetes Lehren und Lernen, Lernen durch Lehren, soziales Lernen, Lernen vom Kind und das Generationenlernen vorgestellt. Neben einem kurzen Abriss über die duale Berufsausbildung in Österreich, bilden Ausführungen zum Lernen und Wissensmanagement (Wissenstreppe, Kompetenzstufen, Wissensspirale), zur sozialen Rollentheorie und zum Generationenkonflikt das theoretische Fundament.

Die qualitative Inhaltsanalyse von 17 episodischen Interviews mit Ausbildern/Ausbilderinnen und ihren Lehrlingen sowie ein Online-Brainstorming resultiert in 16 Kategorien, den Lernfeldern der Ausbilder/innen. Die Lernfelder können den Bereichen Technik, Allgemein- und Fachwissen, Lehrlingsausbildung, Herangehens- und Sichtweise der Dinge und soziale Kompetenzen zugeordnet werden. Weitere Ergebnisse sind: Lernen von den Lehrlingen findet statt und erfolgt in den Betrieben gleichermaßen zufällig wie systematisch. Lehrlinge generieren neues Wissen meist über Externalisierung ihres impliziten Wissens. Ausbilder/innen lernen überwiegend nachhaltig und erreichen mitunter mittlere Kompetenzniveaus. Allgemeingültige Aussagen über die Häufigkeit des Phänomens „Lernen von den Lehrlingen" können nicht gemacht werden.

Die Ergebnisse legen den Schluss nahe, dass Ausbilder/innen von ihren Lehrlingen in vielerlei Hinsicht profitieren. Die Jugendlichen können einen wichtigen Beitrag zur Verjüngung des Wissens im Unternehmen leisten.

Abstract

Society often regards applicants for apprenticeship training programs to lack the necessary skills for a successful career. However, in many cases, apprentices have skills and knowledge which gets only detected after job interviews. This work aims to shed light on these kinds of skills and knowledge and wants to answer the question *what do trainers in dual vocational training situations learn from apprentices?*

Due to a lack of specific results in this field, this thesis discusses related concepts, such as employee-led teaching and learning, learning by teaching, social learning, learning of the child and the learning of generations. The theoretical part gives a short outline of dual vocational training in Austria, remarks on learning and knowledge management (knowledge steps, levels of competence, knowledge spiral), the social role theory, and the generation gap.

In a qualitative content analysis of 17 episodic interviews with trainers and apprentices, as well as an online brainstorming, 16 categories or *learning fields* could be identified. They can be mapped to areas like technology, general and expertise knowledge, apprenticeship, approach and vision of things as well as social competencies. Further findings are: learning from the apprentices takes place. It occurs randomly and systematically in companies. Apprentices generate new knowledge mostly through externalisation of their tacit knowledge. Their trainers mainly gain long-term knowledge and occasionally reach medium levels of expertise in the given learning field. Based on the findings, no generalisations about the frequency of the phenomenon *learning from apprentices* can be made.

The results suggest that trainers benefit from their apprentices in many ways. Young people can make an important contribution to the rejuvenation of organizational knowledge.

Inhaltsverzeichnis

Abnehmende Qualität der Bewerber/innen?

Schenkt man Medienberichten und den Aussagen von Personalisten Glauben, so ist es um die Fachkräfte von morgen schlecht bestellt. Einem hohen Prozentsatz der Lehrstellenbewerber/innen wird attestiert, dass die Qualifikationen für einen erfolgreichen Berufseinstieg ungenügend seien. Es mangelt an Deutschkenntnissen, Mathematik, Allgemeinbildung und Umgangsformen. Demzufolge wäre es für die Betriebe immer schwieriger „gute" Lehrlinge zu finden.

Außer Acht gelassen wird dabei die Tatsache, dass Jugendliche heute Dinge beherrschen, welche vor Jahren noch als Spezialwissen eingestuft worden wären. Dieses Wissen findet in Schulzeugnissen keinen Niederschlag und wird in Bewerbungsgesprächen nicht sondiert. Es handelt sich dabei meist um detailliertes Wissen aus den Bereichen Informationstechnologie, Kommunikation, neue Medien, Lifestyle, Bekleidung etc. Wer etwa Jugendlichen jemals beim unbeschwerten Umgang mit Computern und Mobiltelefonen zugesehen hat, bekommt eine Ahnung davon, wie stark ihnen die neue Technik bereits in Fleisch und Blut übergegangen ist.

Die Mädchen und Burschen bescheren ihren Ausbildern/Ausbilderinnen im Rahmen der Lehre so manches wertvolle Lernerlebnis. Doch der Wissenstransfer von den Lehrlingen zu den Ausbildungskräften steht im Widerspruch mit den klassischen Rollenbildern. Per Definition sind es ja schließlich die Jugendlichen, die etwas zu lernen haben. Auch gesetzliche Berufsbilder und betriebliche Ausbildungspläne gehen nicht näher darauf ein. So wäre das Wissen der Mädchen und Burschen zwar auch für die Betriebe interessant, es findet aber keine systematische Verwendung. Das jugendliche Wissen liegt brach.

Es ist daher an der Zeit, die Lehrlinge als „Lehrende" vor den Vorhang zu holen und ihren Beitrag zum Aufbau von neuem Wissen im Lehrbetrieb darzustellen. Ihr umfangreiches Know-how vermag Defizite in anderen Bereichen zu kompensieren und relativiert das eingangs gezeichnete schlechte Bild heutiger Bewerber/innen.

1 Einleitung

Im Lehrlingswesen gibt es eine paradoxe Entwicklung: Auf der einen Seite beklagen sich viele Lehrbetriebe über die abnehmende Qualität der Lehrstellenbewerber/innen. Auf der anderen Seite kann sich die Wirtschaft aber nicht auf Eingangserfordernisse für künftige Lehrlinge verständigen. Ohne ein einheitliches Bild über die Anforderungen fehlt jedoch der Bezugsrahmen, der eine objektive Bewertung der Qualifikationen ermöglicht. So werden Jugendliche, je nach Fokus des rekrutierenden Unternehmens, einmal mehr, einmal weniger als geeignet erachtet. Besonders oft werden die Schulzeugnisse als Grundlage für eine Lehrstellenzusage herangezogen. Das Erfahrungswissen der Jugendlichen fernab des Schulstoffs wird dabei ausgeklammert (Steinringer & Schmid, 2000, S. 83 f).

1.1 Begriffsklärung

Die nun folgenden Definitionen sollen entsprechend des Titels der vorliegenden Studie „Was lernen Ausbilder/innen von ihren Lehrlingen am Arbeitplatz im Rahmen der dualen Berufsausbildung?" ein einheitliches Begriffsverständnis gewährleisten.

1.1.1 Lernen

In der Lernpsychologie gibt es eine Vielzahl von theoretischen Konzepten zum Thema Lernen, die je nach Denkhaltung unterschiedliche Aspekte in den Mittelpunkt stellen (Mietzel, 1998, S. 102 ff, 125 ff, 181 ff):

- Lernen als Reiz-Reaktions-Verbindung (Behaviorismus)
- Lernen als Regelkreis (Kybernetik)
- Lernen als Gewinnung von Einsicht (Kognitivismus)
- Lernen als Verarbeitung von Informationen (Informationstheorie)

Ein sehr breit gefasster Lernbegriff ist jener nach Schröder: „Lernen bewirkt eine relativ dauerhafte Verhaltensänderung auf Grund von Erfahrung" (Schröder, 2002, S. 14).

Die Verhaltensänderung als Bestimmungsmerkmal des Lernens bedeutet, dass dort, wo keine Verhaltensänderung möglich ist (z. B. im instinktgetriebenen Tierreich), auch kein Lernen erfolgen kann. Zwischen Lernen und neuem Verhalten besteht demnach ein ursächlicher Zusammenhang. Weiters drückt „dauerhaft" aus, dass es sich beim Lernen nicht nur um kurzfristige Verhaltensänderungen handelt. Dabei lässt sich die Dauer der Verhaltensänderung nicht eindeutig bestimmen, sie ist eben „relativ". Schließlich gibt uns die Phrase „auf Grund von Erfahrung" Lernen als einen Prozess zu verstehen, der sich von Reifung, Wachstum und instinktiven Verhalten unterscheidet. Nur was wahrgenommen, verarbeitet und gespeichert, also erfahren worden ist, kann Grundlage für das Lernen sein (ebd., S. 14 - 16).

Da im Mittelpunkt des Forschungsinteresses das Lernen von Ausbildungskräften, also Erwachsenen steht, liegt es nahe, sich dem Begriff des Erwachsenenlernens zu widmen. Als eigene Wissenschaftsdisziplin setzt sich damit die Andragogik auseinander. Die Untersuchungen reichen von der Kognitions- und der Reiz-Reaktionspsychologie über die Biografie- und Milieuforschung bis hin zur Neurobiologie. Allen Ansätzen gemein ist die Erkenntnis, dass Erwachsene selbstbestimmt und eigenverantwortlich lernen. Sie lassen sich nicht belehren, sondern nützen alltägliche Situationen als Lernanlässe. Besonders die Biografieforschung zeigt in welchem großen Ausmaß kritische Lebensphasen wie Krisen oder Krankheiten von Erwachsenen als informelle Lernmöglichkeit genützt werden (Hackl & Friesenbichler, 2001, S. 1 - 8).

Diese Form des Lernens von Erwachsenen wird treffend als „Anschlusslernen" bezeichnet: „Das Lernen Erwachsener schließt an einen in der Alltagspraxis entstandenen

Handlungsbedarf an, für dessen Bewältigung neues Wissen gebraucht wird" (Kade, 1997, S. 84).

1.1.2 Ausbilder/innen

Das österreichische Berufsausbildungsgesetz (BAG) aus dem Jahr 1969 definiert eine Reihe von Begriffen im Lehrlingswesen, so auch den Terminus Ausbilder/in (BAG, 1969, § 3). Um ein Lehrverhältnis zu begründen, wird zwischen Lehrlingen und Lehrberechtigten ein Lehrvertrag abgeschlossen. Hat der/die Lehrberechtigte nicht die nötigen Fachkenntnisse oder handelt es sich um eine juristische Person, so muss die Aufgabe Lehrlinge auszubilden an geeignete Ausbilder/innen übertragen werden. In kleinen Unternehmen sind die beiden Funktionen, Lehrberechtigte/r und Ausbilder/in, meist in einer Person vereint.

Ausbilder/in kann sein, wer eine entsprechende Prüfung im Zuge einer Meister/innen- oder Befähigungsprüfung abgelegt hat. Weiters sind all jene Personen als Ausbilder/in zugelassen, welche das 18. Lebensjahr sowie einen 40-stündigen Kurs für Ausbilder/innen an einer anerkannten Institution wie dem Wirtschaftsförderungsinstitut (WIFI) oder dem Berufsförderungsinstitut (BFI) absolviert haben. Damit soll sichergestellt werden, dass sie über die notwendigen rechtlichen und pädagogischen Kenntnisse verfügen. Sind in einem Betrieb mehrere Ausbilder/innen tätig, ist zudem ein/eine Ausbildungsleiter/in zu bestellen, welche die Lehrlingsausbildung insgesamt koordiniert und überwacht (Rathkolb, 2006, 4.2.1, 4.2.2).

Eine wesentliche Aufgabe von Ausbildungskräften ist die fachliche Unterweisung der Lehrlinge entsprechend der Zielvorgaben des jeweiligen Berufsbildes. Dazu zählt besonders die zeitliche und inhaltliche Planung der Ausbildung mit Hilfe eines schriftlichen Ausbildungsplans. Ausbilder/innen überwachen den Ausbildungsfortschritt und stehen mit Berufsschule und Eltern in Kontakt. Schließlich sorgen sie mit erzieherischen Maßnahmen, Unterweisungen und geeigneten Hilfestellungen für die ordnungsgemäße Ausbildung der Lehrlinge und sind auch für deren Schutz vor Misshandlungen durch Dritte verantwortlich (Pichelmayer & Pircher, 2004, S. 39).

1.1.3 Lehrlinge

„Lehrlinge [...] sind Personen, die auf Grund eines Lehrvertrages zur Erlernung eines in der Lehrberufsliste angeführten Lehrberufes bei einem Lehrberechtigten fachlich ausgebildet und im Rahmen dieser Ausbildung verwendet werden" (BAG, 1969, § 1).

Lehrlinge sind aus rechtlicher Sicht ganz normale Arbeitnehmer/innen. Sie haben gegenüber dem/der Lehrberechtigten jedoch Anspruch auf Ausbildung entsprechend des Berufsbildes ihres angestrebten Berufs. Jugendliche können erst nach Erfüllung der neunjährigen Schulpflicht oder Vollendung des 15. Lebensjahres ein Lehrverhältnis eingehen. Altersbeschränkungen für den Beginn einer Lehre sieht das Gesetz nicht vor. So wäre es möglich, auch im Erwachsenenalter eine Lehre zu beginnen, was in der Praxis jedoch nicht häufig der Fall ist (Pichelmayer & Pircher, 2004, S. 28 f).

1.1.4 Arbeitsplatz

Die Einschränkung der Forschungsfrage auf den Arbeitsplatz erscheint wichtig, da Lehre immer mindestens zwei Ausbildungsstätten umfasst: Die Berufsschule und den Arbeitsplatz im Lehrbetrieb. Im Rahmen dieser Untersuchung soll ausschließlich die Ausbildungsstätte Arbeitsplatz mit Lehrlingen und Ausbildungskräften als miteinander interagierende Subjekte beleuchtet werden.

1.1.5 Duale Berufsausbildung

Während der Begriff „Lehre" schon seit dem Mittelalter gebräuchlich ist, taucht der synonyme Begriff „duale Ausbildung" erst in den siebziger Jahren vermehrt auf (siehe 2.1.1). Er bringt anschaulich zum Ausdruck, dass die moderne Berufsausbildung aus zwei Teilen besteht: Die mehrheitlich praxisbezogene Ausbildung im Betrieb und die theoretisch angelegte und allgemeinbildende Ausbildung in der Berufsschule (Gruber, 2004, S. 18).

Das Berufsausbildungsgesetz (BAG) schreibt den Schulbesuch für alle Lehrlinge verpflichtend vor. Duale Berufsausbildung bedeutet, dass die Lehrlinge neben der Ausbildung im Betrieb für mindestens einen Tag pro Woche die Schulbank drücken müssen. In manchen Lehrberufen wird der wöchentliche Schulbesuch aus organisatorischen Gründen auch in einem mindestens acht Wochen dauernden Blockunterricht zusammengefasst, der jährlich stattfindet (Rathkolb, 2006, 4.5).

Obwohl die Bezeichnung „dual" ein ausgewogenes Verhältnis zwischen Unterweisung am Arbeitsplatz und Schulbesuch vermuten lassen würde, verbringen die Jugendlichen im Schnitt nur knapp 20 % der Lehrzeit in der Schule. Die restliche Ausbildungszeit wird am Arbeitsplatz absolviert, wobei der Lehrbetrieb auf den Lehrplan in der Berufsschule Rücksicht nehmen sollte (ebd., 4.5.1).

1.2 Stand der Forschung

Die Suche nach Ergebnissen zur gegenständlichen Forschungsfrage verlief ohne konkrete Resultate. Es scheint so, als ob das Phänomen „Ausbilder/innen lernen von ihren Lehrlingen" bis dato nicht ausdrücklich beforscht worden wäre. Dabei ist anzumerken, dass Studien aus dem Bereich der dualen Berufsausbildung insgesamt rar sind (Gruber, 2004, S. 35).

Es finden sich jedoch Konzepte, die Ähnlichkeiten mit der Forschungsfrage haben. Ihren Ansätzen ist gemein, dass die Lehrlinge als Wissensquelle in Erscheinung treten und so zum Lehrenden werden. Dies stellt das klassische Rollenverständnis auf den Kopf, welches die Jugendlichen als diejenigen definiert, die zu lernen haben. So treffen die folgenden fünf Ansätze zwar den Kern der Forschungsfrage nicht punktgenau, helfen aber trotzdem den aktuellen Wissensstand zu skizzieren.

1.2.1 Mitarbeitergeleitetes Lehren und Lernen

Einen interessanten Ansatz über die Möglichkeit etwas von Lehrlingen zu lernen, liefert eine Untersuchung von Fuller und Unwin, wenngleich dabei nicht das Lernen der Ausbilder/innen im Mittelpunkt steht. Die Autorinnen haben Lernen am Arbeitsplatz mit Hilfe von Lerntagebüchern in der englischen Stahlindustrie untersucht. Daraus geht hervor, dass Lehrlinge gehäuft Aktivitäten setzen, in denen sie ihren Kollegen/innen etwas beibringen. Die Jugendlichen zeigen diesen etwas vor oder erklären Handgriffe. Auch in den Bereichen Informationstechnologie und Kommunikation instruieren die Lehrlinge ihre Kollegen/innen (Fuller & Unwin, 2003, S. 44 f).

Die Autorinnen erklären sich die Lehraktivitäten der Lehrlinge dadurch, dass diese aufgrund ihrer Ausbildung im Vergleich zur restlichen, zum Teil ungelernten Mitarbeiterschaft, zu den bestausgebildeten Kräften im Unternehmen zählen. Weiters verfügen die Jugendlichen von heute bereits bei ihrem Eintritt ins Unternehmen über Erfahrungen, welche sie mit anderen sinnvoll teilen können. Die Weitergabe von Wissen und Kompetenzen am Arbeitsplatz zwischen Arbeitskollegen/innen ist somit weiter verbreitet als bisher angenommen. Für Unternehmen ist es daher angebracht, neue Rahmenbedingungen zu schaffen, um das mitarbeitergeleitete Lehren und Lernen noch besser zu unterstützen (ebd., S. 45 f).

1.2.2 Lernen durch Lehren

Lernen durch Lehren (LdL) lässt Schüler/innen in die Rolle der Lehrkraft hineinschlüpfen und sich gegenseitig selbst unterrichten. Diese Unterrichtsform ist bereits seit der Antike bekannt, erlebte aber Anfang der 80er Jahre mit Jean-Pol Martin im deutschsprachigen Sprachraum eine Renaissance. Er wandte LdL im Französischunterricht an und bemerkte positive Auswirkungen auf das Lernverhalten seiner Schüler/innen. LdL ist dabei nicht nur eine Technik zur Auflockerung des Unterrichts, sondern eine vollwertige, handlungsorientierte Unterrichtsmethode (Martin & Oebel, 2007, S. 4 - 6).

Nach Martin bewirkt LdL einen Paradigmenwechsel in der Didaktik des Unterrichts: Weg von der Instruktion hin zur Konstruktion. Das Bild der Lehrkraft hat sich im Laufe der Zeit gewandelt. War diese früher die einzige Informationsquelle (Instruktor/in), so sind die Lerninhalte seit der digitalen Revolution für alle frei verfügbar. Lehrende haben nunmehr die Rolle, die Information in Wissen umzuwandeln (Konstruktion). Weiters sieht Martin im Lehren ein Grundbedürfnis jedes Menschen. So hilft LdL den Lernenden Selbstbewusstsein, soziale Annerkennung und Selbstverwirklichung zu erlangen (ebd., S. 6 f).

Wie beim mitarbeitergeleiteten Lernen und Lehren befasst sich LdL mit Lernprozessen zwischen gleichgestellten Personen. So hilft LdL durch die Übertragung der Lehrfunktion auf die Schüler/innen selbstständiges Handeln zu erlernen, die kommunikativen Kompetenzen zu stärken, exploratives Verhalten zu fördern und Wichtiges von Unwichtigem zu unterscheiden (Kelchner & Martin, 1998, S. 2).

1.2.3 Soziales Lernen

In Österreich findet soziales Lernen als Bildungskonzept seit mehr als 20 Jahren Anwendung. Im Mittelpunkt steht dabei der Lernprozess der Lehrer/innen mit der Annahme, dass diese nur das vermitteln können, was sie selbst durch Erfahrung gelernt haben. Ziel ist es nicht nur die sozialen Kompetenzen der Lehrkräfte zu verbessern, sondern auch die verhärteten, schulischen Strukturen aufzubrechen und die Zusammenarbeit zwischen Schülern/Schülerinnen, Eltern und Lehrpersonen zu intensivieren. Dabei werden übernommene Rollenbilder neu definiert. Eine der Kernaussagen sozialen Lernens ist, dass sich Lehrende zeitlebens auch als Lernende betrachten. Weiters soll der Blick auf vorhandene Ressourcen gestärkt und die Schule als lernende Organisation begriffen werden. So erweitert das Konzept des sozialen Lernens die Rolle der Lehrenden um die des Lernenden indem Erfahrungen aus dem schulischen Umfeld aktiv als Lernmöglichkeit genutzt werden. Soziales Lernen ebnet den Weg für das Lernen des Erwachsenen vom Jugendlichen (Ittel & Raufelder, 2009, S. 102 - 106).

1.2.4 Lernen vom Kind

Der amerikanische Verhaltensforscher Gerald Patterson setzt sich mit der Frage des Lernens in der Familie auseinander. Zentral ist dabei seine Aussage „Kinder ändern ihre Eltern genauso, wie Eltern zur Änderung ihrer Kinder beitragen" (Patterson, 1975, S. 9).

Mit den Änderungen meint Patterson Verhaltensänderungen, welche bei allen Familienmitgliedern durch die gegenseitige Beeinflussung auftreten. Wenn unsere Definition von Lernen (siehe 1.1.1) Gültigkeit hat, dann geht jeder Verhaltensänderung ein entsprechender Lernprozess basierend auf Erfahrungen voraus. Folglich „lehren" Kinder ihre Eltern und Eltern „lehren" ihre Kinder (ebd., S. 13).

In einer empirisch qualitativen Studie zur innerfamilialen Lernkultur identifiziert Schmidt-Wenzel das Kind als Schlüsselimpuls für interaktives Lernen der Eltern. Kinder bringen auf vielfältige Weise ihre Bedürfnisse und Gefühle zum Ausdruck und werden somit zum primären Lernanstoß der Erwachsenen. Die Lernmöglichkeiten sind dabei ebenso vielfältig wie die Anforderungen an die Elternschaft und reichen vom „Kind als Lebensprojekt" über den „Spannungszustand zwischen kindlichen und elterlichen Bedürfnissen" bis hin zu Fragen, was eine „gute Mutter" bzw. einen „guten Vater" ausmacht (Schmidt-Wenzel, 2008, S. 85 - 95).

Eine Untersuchung von Papert wiederum zeigt, dass Eltern im Bereich der Computertechnik von ihren Sprösslingen viel lernen können. In diesem Zusammenhang ist folgendes Zitat zu verstehen: „One thing I've been saying over an over again is that parents should learn from their kids" (Papert, 1996, 85).

1.2.5 Generationenlernen

Liegle und Lüscher behandeln in ihrem Artikel das Konzept des Generationenlernens. Sie stellen dabei die Beziehungen der Generationen in den Mittelpunkt und ergänzen die Theorie des Lernens um den Aspekt der sozialen Zeit (Liegle & Lüscher, 2004, S. 38 f).

Generationenlernen definieren sie als „alle Formen des Lernens, für welche der Bezug auf das Lebensalter bzw. die Generationenzugehörigkeit […] relevant ist und die für die Vermittlung und Aneignung von Kultur sowie für die Konstitution der Person bedeutsam sind" (ebd., S. 39).

Es werden vier grundlegende Formen des Generationenlernens unterschieden. Die ersten drei Formen zählen zum **intergenerationalen Lernen.** Die vierte Form gehört zum **intragenerationalen Lernen** (ebd. S. 39):

- Jüngere lernen von den Älteren
- Ältere lernen von den Jüngeren
- Lernen in Mehrgenerationenbeziehungen (Großeltern-Eltern-Kinder)
- Lernen von Gleichaltrigen und Geschwistern

Zur Beantwortung der Forschungsfrage interessiert uns die zweite Form des Generationenlernens: „Ältere lernen von den Jüngeren". Voraussetzung dafür ist die gesellschaftlich postulierte Notwendigkeit des lebenslangen Lernens, welche selbst Erwachsene zum Lernen anhält. In diesem Zusammenhang gar von einer „Umkehrung des Generationenverhältnisses" zu sprechen, sehen die Autoren allerdings kritisch, da große Wissensbestände in Kunst, Kultur und Geschichte nur von der älteren Generation an die Jüngere weitergegeben werden können. Vielmehr schlagen sie in diesem Zusammenhang vor, Lernen als befruchtende Wechselwirkung zwischen den beteiligten Generationen und nicht als Wettkampf zu verstehen. Nicht das „Wer-lernt-von-wem", sondern das gemeinsame Lernen steht im Mittelpunkt (ebd., S. 41 - 42).

Bei den intergenerationalen Lernprozessen lassen sich zusätzlich drei Zugänge unterscheiden: Voneinander-Lernen, Übereinander-Lernen und Miteinander-Lernen.
Während beim **Miteinander-Lernen** Themen behandelt werden, die allen beteiligten Generationen als wichtig und bearbeitenswert erscheinen, spielt sich das **Übereinander-Lernen** auf der Metaebene ab. Mit Hilfe von biografischen Erzählungen wird der Wissensschatz älterer Generationen geborgen. Gleichsam gibt die jüngere Generation Einblicke in aktuelle Sorgen und Nöte. Zum Wesen der vorliegenden Forschungsarbeit

passt schließlich das Konzept **Voneinander-Lernen**. Bei diesem Zugang besitzt eine Generation spezielles Wissen, welches an eine andere weiter gegeben wird (Antz, Franz, Frieters & Scheunpflug, 2009, S. 16 - 17).

1.3 Methodik

Zur Gewinnung neuer Erkenntnisse bedient sich die Untersuchung eines qualitativen Forschungsansatzes. Da das Forschungsthema noch relativ neu und der Ausgang offen ist, erscheint dies im Vergleich zu einem quantitativen Vorgehen zielführender zu sein. Im Mittelpunkt stehen die individuellen Erfahrungen der Ausbilder/innen und ihrer Lehrlinge. Diese sollen explizit gemacht und nachvollzogen werden. Die Untersuchung beschreibt Einzelfälle, weshalb kein Anspruch auf Vollständigkeit oder Allgemeingültigkeit erhoben werden kann (Mayring, 2008, S. 17 f).

Zur Erhebung der Daten werden mit den Ausbildungsverantwortlichen und deren Lehrlingen episodische Interviews nach Flick geführt. Im Unterschied zum narrativen Interview, in welchem die Befragten frei erzählen können, werden beim episodischen Interview Leitfragen vorgegeben, welche den roten Faden durch das Gespräch bilden. Diese Leitfragen bringen die Interviewpartner/innen ins Erzählen und lassen sie an konkrete Beispiele erinnern. Schließlich werden, basierend auf den situativen Erzählungen, abstrahierte verallgemeinerte Annahmen aufgrund eigener Erfahrungen abgeleitet (Flick, 2011, S. 238 - 240).

Für zusätzliche empirische Belege zum Forschungsthema wird ergänzend zu den Interviews ein Online-Brainstorming im Internet durchgeführt. Hierbei können alle User/innen ihre Assoziationen zur Frage „Was können Ausbilder/innen von ihren Azubis/Lehrlingen lernen?" spontan äußern.

Die Auswertung erfolgt in Form einer zusammenfassenden Inhaltsanalyse nach Mayring. Das umfangreiche Datenmaterial wird reduziert, indem die Ergebnisse der Interviews und des Online-Brainstormings zu Kategorien zusammengefasst werden.

Diese Kategorien repräsentieren die Lernfelder der Ausbilder/innen (Mayring, 2008, S. 59 ff). Zusätzlich wird für einen Teil der Interviewdaten die Methode der Strukturierung angewandt. Gestützt auf die Forschungshypothesen wird dabei das empirische Material systematisch auf bestimmte Ausprägungen durchforstet und die Fundstellen mit passenden Ankerbeispielen veranschaulicht (ebd., S. 82 f). Die genaue methodische Vorgehensweise im Zuge der Auswertung wird unter 4.5 im Detail erläutert.

1.4 Zielsetzung

Die Zielsetzung der Studie ist es Antworten auf die Frage „Was lernen Ausbilder/innen von ihren Lehrlingen am Arbeitsplatz im Rahmen der dualen Berufsausbildung?" zu geben. Am Ende liegen bezüglich der untersuchten Fälle Aussagen vor:

- Ob und wie häufig Lernen von den Lehrlingen stattfindet
- Was von den Lehrlingen gelernt werden kann
- Wie die Lehrlinge neues Wissen im Unternehmen generieren
- Wie das Lernen von den Lehrlingen in der Lehrlingsausbildung verankert ist
- Welche Kompetenzstufen die Ausbilder/innen durch das Lernen von ihren Lehrlingen erreichen

Nicht Ziel ist es, Antworten darüber zu erhalten, warum die genannten Dinge von den Mädchen und Burschen gelernt werden können. Woher die Lehrlinge ihr Wissen haben, bleibt also im Dunkeln. Ebenso ist es nicht Ziel Aussagen über den Einfluss des persönlichen Verhältnisses zwischen Lehrmädchen/burschen und Ausbildungsverantwortlichen auf den Lernerfolg zu machen. Diese Fragestellung erscheint zu komplex und würde den Rahmen der vorliegenden Studie sprengen.

1.5 Aufbau der Studie

Die **Einleitung** enthält eine kurze Begriffsklärung und betrachtet in Ermangelung aktueller Forschungsarbeiten verwandte Konzepte wie mitarbeitergeleitetes Lehren und Lernen, Lernen durch Lehren, soziales Lernen, Lernen vom Kind und das Generationenlernen. Daneben gliedert sich das Buch in sechs wesentliche weitere Teile:

In den **theoretischen Grundlagen** werden Konzepte vorgestellt, die zum Verständnis der Lebenswelt der Ausbilder/innen und Lehrlinge beitragen und eine tiefer gehende Interpretation der Forschungsergebnisse ermöglichen. Neben einem kurzen Abriss über die duale Berufsausbildung in Österreich bilden Ausführungen zum Lernen und Wissensmanagement (Wissenstreppe, Kompetenzstufen, Wissensspirale), zur sozialen Rollentheorie und zum Generationenkonflikt das theoretische Fundament der Studie.

Unter **Hypothesen und Forschungsfragen** wird das Erkenntnisinteresse skizziert sowie Ausgangshypothesen und Forschungssubfragen formuliert. Letztere stellen die Grundlage für die Erstellung der Interviewleitfäden dar.

Die Darstellung der Methoden erfolgt im Abschnitt **Untersuchungsdesign**. Die Auswahl des Samples, die Leitfäden für die episodischen Interviews sowie das Online-Brainstorming werden präsentiert. Schließlich wird die Auswertung mit Hilfe der zusammenfassenden und strukturierenden qualitativen Inhaltsanalyse erläutert. Die Resultate daraus sind unter **Darstellung der Forschungsergebnisse** nachzulesen.

Im Abschnitt **Interpretation und Beantwortung der Forschungsfrage** werden die Ergebnisse kritisch bewertet und in Hinblick auf die Forschungssubfragen und Hypothesen interpretiert. Welche Fragen wurden beantwortet? Welche neuen Fragen ergeben sich? Die Empirie schließt mit den Schlusshypothesen ab.

Im **Abschluss** findet neben einer Zusammenfassung auch eine kritische Reflexion statt. Weiters werden mögliche weiterführende Forschungsfragen angeführt, welche sich im Zuge der Untersuchung eröffnet haben.

2 Theoretische Grundlagen

2.1 Duale Berufsausbildung in Österreich

Die Einbettung der dualen Berufsausbildung im österreichischen Bildungssystem lässt sich am einfachsten anhand einer Grafik von der Primar- bis zur zweiten Sekundarstufe darstellen (Ibw, 2011, S. 1). Demnach erfolgt der direkte Einstieg in die Lehre über die Polytechnische Schule. Indirekt kann ein Einstieg aber aus jedem anderen Schultyp heraus (z. B. AHS, BHS) nach Beendigung der 9 jährigen Schulpflicht erfolgen.

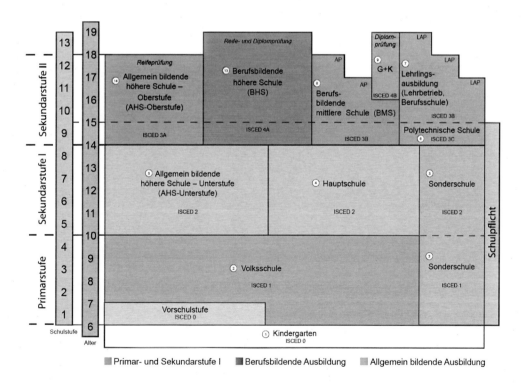

Abbildung 1: Das österreichische Bildungssystem (Ibw, 2011, S. 1)

15

Wie aus Abbildung 1 ersichtlich, gibt es im Bereich der Berufsbildung nicht nur die Lehrausbildung, sondern auch zwei schulische Varianten, was eine Besonderheit im österreichischen Bildungssystem darstellt. Die Lehre als klassischer Weg einen Beruf zu erlernen steht in Konkurrenz mit den berufsbildenden mittleren Schulen (BMS) und höheren Schulen (BHS). Letztgenannte schließen mit einer Studienberechtigung, der Matura, ab. Als weitere Besonderheiten des österreichischen Bildungssystems können die frühen Entscheidungen für oder gegen eine berufliche bzw. schulische Ausbildung und auch die bereits mit 15 Jahren recht früh einsetzende Spezialisierung auf eine Berufssparte genannt werden (Schneeberger, 2007, S. 91).

Die Grafik veranschaulicht weiters, dass die Dauer der Lehre je nach gewähltem Beruf variiert. Der Lehrabschluss und die damit verbundene Lehrabschlussprüfung (LAP) finden deshalb je nach Lehrberuf zu unterschiedlichen Zeitpunkten statt. Wie aus der aktuellen Liste der Lehrberufe hervorgeht, beträgt die Ausbildungsdauer der meisten Lehrberufe überwiegend drei Jahre (Bmwfj, 2012, Lehrberufe in Österreich).

Um die Dynamik im österreichischen Lehrlingswesen zu verstehen, ist die Rolle der Sozialpartner, das sind die Interessensvertretungen der Arbeitnehmer/innen und Arbeitgeber/innen, hervorzuheben. Diese schlagen neue Lehrberufe vor, regen Reformen wie etwa die Modularisierung von Lehrberufen oder „Lehre mit Matura" an und tragen somit wesentlich zur Lebendigkeit des österreichischen Lehrlingswesens bei (Schneeberger, 2007, S. 92).

2.1.1 Geschichte und gesetzliche Grundlagen

Die Geschichte der dualen Berufsausbildung reicht bis ins Mittelalter zurück. Neben der schulischen Bildung in Klöstern, für die nur eine Minderheit auserwählter Jugendlicher in Frage kam, richteten die Handwerksgemeinschaften sogenannte Meisterlehren ein. Diese verliefen dreiteilig und führten von den Lehrlingen über die Gesellen hin zu den Meistern. Die Ausbildung war an klare Regeln, wie z. B. die Ausbildungspflicht der Meister aber auch die Bezahlung eines Lehrgeldes, geknüpft und stützte sich didaktisch auf das Schema des Vormachens, Nachmachens und Übens. Eine parallele schulische

Ausbildung fand dazu nicht statt, dafür schrieben viele Handwerkszünfte nach Abschluss der Lehre eine verpflichtende Wanderschaft zur Erweiterung des beruflichen Horizonts vor (Gruber & Ribolits, 1997, S. 19 f).

Die mittelalterliche Form der Meisterlehre dominierte die Berufsausbildung in wesentlichen Zügen bis Mitte des 19. Jahrhunderts und wurde erst durch die Gedanken der Aufklärung, welche mit Verspätung in Österreich ankamen, abgelöst. Nun regelte ein Lehrvertrag das Verhältnis zwischen Lehrlingen und Meistern. Ab 1892 schuf ein neues Handelsgesetzbuch die Basis für eine kapitalistische Wirtschaftsordnung. In diese Zeit fallen auch die sogenannten Sonntagsschulen, welche später von den Fortbildungsschulen ersetzt wurden. Diese Vorläufer der Berufsschulen sollten die betriebliche Lehrausbildung ergänzen und fördern (ebd., S. 20 f).

Schließlich folgten Anfang des 20. Jahrhunderts zahlreiche neue Gesetze. Ab 1919 wurde die Nachtarbeit für Jugendliche verboten und die wöchentliche Arbeitszeit auf 44 Stunden limitiert. In diese Zeit fällt auch die Gründung der Kammer für Arbeiter und Angestellte (AK), welche fortan auch die Interessen der Lehrlinge wahrte. So stand den Jugendlichen ab 1922 bereits am Ende des ersten Lehrjahres die Zahlung einer Lehrlingsentschädigung zu (ebd., S. 21 f).

Sein heute bekanntes Profil erhielt das österreichische Lehrlingswesen Ende der sechziger Jahre, wo in Zusammenarbeit von Gewerkschaftsbund, der Arbeiterkammer und dem Bundesministerium für wirtschaftliche Angelegenheiten das Berufsausbildungsgesetz (BAG) ausgearbeitet wurde. Dieses Gesetzeswerk trat 1970 in Kraft und bildet zusammen mit dem Kinder- und Jugendlichen-Beschäftigungsgesetz (KJBG) aus dem Jahr 1948 das rechtliche Fundament der österreichischen Lehrlingsausbildung. In den Folgejahren wurde das BAG mehrmals novelliert. Die Tätigkeit als Ausbilder/in wurde an das Bestehen einer Prüfung geknüpft. Die Berufsbilder, welche die Ausbildungsinhalte ähnlich einem Lehrplan in der Schule regeln, wurden präzisiert und nach Lehrjahren gegliedert. Weiters wurde die Möglichkeit geschaffen, neue Lehrberufe mit unterschiedlicher Ausbildungsdauer zu erproben (Gruber, 2004, S. 19 - 24).

Mit dem Schulorganisationsgesetz von 1975 wurden die Aufgaben der Berufsschule um Aspekte der Allgemeinbildung erweitert. So ging es fortan nicht nur mehr darum, die betriebliche Ausbildung zu ergänzen, sondern z. B. auch Fremdsprachenkenntnisse zu vermitteln. In den Folgejahren wurde der Berufsschulanteil weiter ausgedehnt, die Bezeichnung „duale Berufsausbildung" setzte sich durch (ebd., S. 34).

2.1.2 Stellenwert der dualen Berufsausbildung

Im Jahr 2011 befanden sich in Österreich insgesamt 128 000 Jugendliche in einem Lehrverhältnis (WKO, 2012, Lehrlinge nach Bundesländern). Von knapp 89 000 Mädchen und Burschen, welche potentiell eine Lehre beginnen hätten können, haben über 38 000 dies auch tatsächlich getan. Der Anteil der Lehranfänger/innen an der Geburtenzahl betrug im Jahr 2011 somit 43,3 Prozent. Vergleicht man dies mit dem Spitzenwert von 1990, als sich mit 47,8 Prozent fast jeder zweite Jugendliche für eine Lehre entschieden hatte, so kann der Stellenwert der Lehre nach wie vor als sehr groß bezeichnet werden (WKO, 2012, Demografische Entwicklung).

Ein Blick in die aktuelle Lehrberufsliste zeigt, dass Jugendliche im Jahr 2012 aus 205 gewerblichen, industriellen und dienstleistungsorientierten Lehrberufen wählen können (Bmwfj, 2012, Lehrberufe in Österreich). Aktiv an der Lehrlingsausbildung beteiligten sich im Jahr 2011 36 640 Lehrbetriebe, wobei die Sparten Gewerbe und Handwerk vor dem Handel und der Tourismus- und Freizeitwirtschaft die aktivsten Lehrlingsausbilder/innen waren (WKO, 2012, Lehrbetriebe und Lehrlinge nach Sparten).

Zur Verdeutlichung des gesellschaftspolitischen Stellenwerts der Lehrlingsausbildung lohnt sich ein Blick auf die Arbeitslosenzahlen von Jugendlichen. Im europäischen Vergleich fällt dabei auf, dass Länder, die wie Österreich und Deutschland, eine duale Berufsausbildung haben, eine signifikant niedrigere Jugendarbeitslosigkeit aufweisen (Abbildung 2). Mädchen und Burschen, die eine Lehre absolvieren, sind also besser im Arbeitsmarkt integriert und seltener von Arbeitslosigkeit betroffen als dies bei einer rein schulischen Ausbildung der Fall ist (Dornmayr & Wieser, 2010, S. 24).

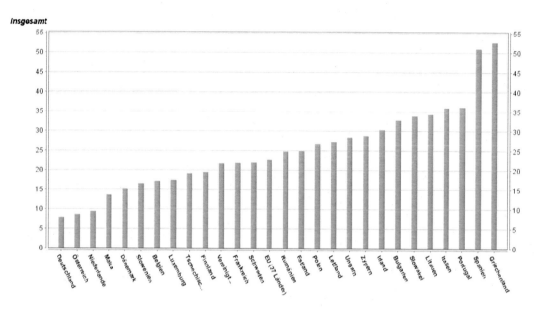

Abbildung 2: Harmonisierte Arbeitslosenquote 15 bis 24 jähriger (Eurostat-Abfrage, 31.05.12)

Betrachtet man die einzelnen österreichischen Bundesländer, so zeigt sich eine interessante Korrelation zwischen Lehrlingsanzahl und Jugendarbeitslosigkeit (Abbildung 3). Länder mit großer Zahl an Lehranfänger/innen wie Vorarlberg, Tirol, Salzburg und Oberösterreich weisen im österreichischen Vergleich die niedrigste Arbeitslosenquote der 20 bis 24 jährigen auf (ebd., S. 97 - 98).

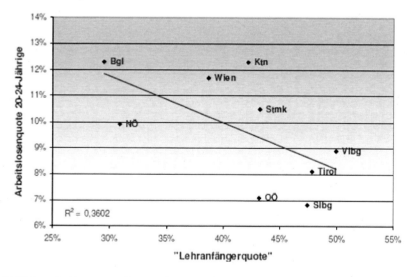

Abbildung 3: Zusammenhang zwischen jungen Arbeitslosen & Lehranfängerquote
(Dornmayr & Wieser, 2010, S. 98)

Angesichts dieser positiven Folgen auf die Beschäftigung der Jugendlichen ist eine funktionierende Lehrausbildung gesellschaftspolitisch höchst erwünscht. Aus diesem Grund will auch die Europäische Union mit Maßnahmen im Bereich der Berufsausbildung dem Schreckensgespenst Jugendarbeitslosigkeit Paroli bieten. So finden sich bereits im Weißbuch „Lehren und Lernen" aus dem Jahr 1995 Vorschläge dazu, wie mit Hilfe von Maßnahmen im Bereich der beruflichen Bildung die Wettbewerbsfähigkeit und die Beschäftigungslage nachhaltig verbessert werden kann. Gefordert wird dabei etwa, dass Schulen und Unternehmen einander weiter annähern und dass sich das Bildungswesen hin zur Arbeitswelt öffnet. Länder mit bereits etablierter dualer Berufsausbildung nehmen in diesem Annäherungsprozess naturgemäß eine Vorbildfunktion ein (Europäische Kommission, 1995, S. 2, 52).

Bereits im Jahr 2000 hat sich der Europäische Rat von Lissabon zum Ziel gemacht „Europa bis 2010 zum wettbewerbsfähigsten und dynamischsten wissensbasierten Wirtschaftsraum der Welt zu machen" (Tessaring, 2007, S. 57). Wesentlich zur Erreichung dieser Strategie wurde die Implementierung von lebenslangem Lernen in der beruflichen Aus- und Weiterbildung in den jeweiligen Mitgliedstaaten gesehen. Weitere Herausforderungen auf europäischer Ebene liegen insbesondere in der demographischen Entwicklung mit einem steigenden Durchschnittsalter der Bevölkerung, der Integration benachteiligter Gruppen wie Langzeitarbeitslose, Migranten und ältere Beschäftigte und der Aufwertung der Berufsbildung im Vergleich zur Schulbildung. Für die Erhöhung der Attraktivität werden vor allem die Durchlässigkeit zu höheren Bildungsangeboten nach der Berufsausbildung sowie die Annerkennung bestehender Abschlüsse als wesentlich erachtet (ebd., S. 61, 66 f).

„Nach der Lehre ohne Prüfung an die Uni" titelte eine österreichische Tageszeitung. Dies zeigt, dass die Forderung auf Würdigung und Anrechnung von Berufsabschlüssen hierzulande bereits diskutiert wird (Tiroler Tageszeitung Online, 20.05.2012).

Auf österreichischer Ebene werden in den kommenden Jahren steigende Anforderungen an die Lehreinsteiger/innen aufgrund des wachsenden Technisierungsgrades in der Wirtschaft und ein noch weiterer Rückgang handwerklicher Berufe erwartet. Der heimische Lehrstellenmarkt wird künftig von geburtenschwachen Jahrgängen geprägt sein, welche selbst bei gleich bleibender Zuwanderung nicht ganz ausgeglichen werden können. Aufgrund von Inkompatibilitäten zwischen Angebot und Nachfrage ist auch in Zukunft nicht auszuschließen, dass es zu paradoxen Situationen wie im September 2005 kommen kann, als auf 7 300 Lehrstellensuchende 2 750 unbesetzte Lehrstellen kamen. Grund dafür sind zum einen die steigenden Anforderungen der Unternehmen, welche immer engmaschiger rekrutieren (Schneeberger, 2007, S. 99 - 101), zum anderen aber auch die Tatsache, dass Mädchen und Burschen zu einigen wenigen sehr populären Berufen tendieren, während Lehrplätze in anderen Berufen unbesetzt bleiben.

Mädchen				Burschen		
Lehrberuf	Anzahl	Anteil an den weiblichen Lehrlingen insgesamt in %		Lehrberuf	Anzahl	Anteil an den männlichen Lehrlingen insgesamt in %
1. Einzelhandel [1]	11.010	25,2		1. Metalltechnik [2]	11.923	14,1
2. Bürokauffrau	5.346	12,2		2. Elektrotechnik [2]	8.921	10,6
3. Friseurin und Perückenmacherin (Stylistin)	4.610	10,5		3. Kraftfahrzeugtechnik [2]	7.878	9,3
4. Restaurantfachfrau	1.755	4,0		4. Installations- und Gebäudetechnik [2]	5.029	6,0
5. Köchin	1.650	3,8		5. Einzelhandel [1]	4.853	5,8
6. Gastronomiefachfrau [3]	1.316	3,0		6. Tischlerei [4]	3.769	4,5
7. Hotel- und Gastgewerbeassistentin	1.166	2,7		7. Koch	3.287	3,9
8. Pharmazeutisch-kaufmännische Assistenz	1.159	2,6		8. Maurer	3.100	3,7
9. Verwaltungsassistentin	1.131	2,6		9. Maler und Anstreicher	2.100	2,5
10. Metalltechnik [2]	776	1,8		10. Zimmerei	1.685	2,0
Summe "TOP-10"	29.919	68,4		Summe "TOP-10"	52.545	62,3
Lehrlinge insgesamt	43.765	100,0		Lehrlinge insgesamt	84.313	100,0

1) Einzelhandel mit allen Schwerpunkten
2) Modullehrberuf inklusive Vorgängerlehrberufe
3) beinhaltet Köchin & Restaurantfachfrau
4) Tischlerei inklusive Tischlereitechnik mit allen Schwerpunkten

Abbildung 4: Die zehn beliebtesten Lehrberufe von Mädchen und Burschen 2011

(WKO, 2012, Die zehn häufigsten Lehrberufe)

2.1.3 Anspruchsgruppen und Ziele der Lehrlingsausbildung

Zu den wesentlichen Anspruchsgruppen der Lehrlingsausbildung zählen neben der Wirtschaft und der Politik die Jugendlichen bzw. deren Eltern. Während die Wirtschaft am Fachkräftenachwuchs interessiert ist, hat die Lehre für die Politik eine große Bedeutung in Bezug auf die Entwicklung des Arbeitsmarktes. Eltern und Jugendliche streben nach Berufen, welche sich mit den Interessen der Jugendlichen decken und das spätere ökonomische Überleben sicherstellen können (Bmwfj, 2009, S. 4).

Abgesehen von diesen übergeordneten Zielen gibt es für jeden Lehrberuf ein sogenanntes Berufsbild, welches die Mindestanforderungen vorgibt, die ein Lehrmädchen/bursch nach Ende der Lehrzeit erfüllen muss. Ziel ist dabei den erlernten Beruf selbstständig ausüben zu können und alle damit verbundenen Kenntnisse und Fertigkeiten vorzuweisen. In Zusammenarbeit mit den Ausbildungsbetrieben werden die Berufsbilder laufend an die neuen Erfordernisse der Wirtschaft angepasst. So sind in den letzten Jahren vermehrt Schlüsselqualifikationen wie Teamfähigkeit und die Bereitschaft zum lebenslangen Lernen als Zielformulierungen aufgenommen worden (ebd., S. 20).

2.1.4 Auffassung von Lernen im Rahmen der dualen Berufsausbildung

Die traditionelle Auffassung von beruflichem Lernen ist geprägt durch das Konzept der Wissensvermittlung durch eine Lehrperson. Die Lehrlinge beginnen ihre Lehre ohne Wissen und müssen daher instruiert werden. Erst im Laufe der Zeit auf dem Weg hin zur Lehrabschlussprüfung wird ihnen mehr und mehr Selbstständigkeit zugetraut (Gruber, 2004, S. 38). Diese in der Berufsausbildung vorherrschende Haltung wird auch treffend als „Newcomers-become-old-Timers" bezeichnet. Demnach starten Mädchen und Burschen ihre berufliche Karriere als blutige Anfänger/innen und werden erst Jahre später Teil des Kreises berufserfahrener Experten/innen (Lave & Wenger, 1991, S. 29, 114 f).

Die eben beschriebene Auffassung von Lernen ist auch in Österreich vorherrschend und in den Köpfen der Ausbilder/innen verankert. Dies wird deshalb vermutet, weil allen angehenden Ausbildungskräften im Zuge der gesetzlichen Trainings die Vier-Stufen-Methode als praktikable Form der Unterweisung ans Herz gelegt wird. Diese überaus traditionelle Art Lehrlinge einzulernen ist sehr ausbilder/innenzentriert und steht unter dem Motto „Übung macht den Meister".

Übung macht den Meister!

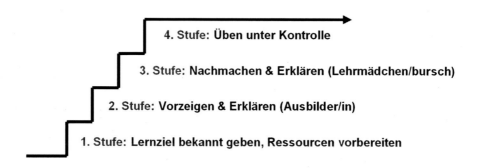

4. Stufe: Üben unter Kontrolle

3. Stufe: Nachmachen & Erklären (Lehrmädchen/bursch)

2. Stufe: Vorzeigen & Erklären (Ausbilder/in)

1. Stufe: Lernziel bekannt geben, Ressourcen vorbereiten

Abbildung 5: Die Vier-Stufen-Methode (Paulik, 1988, S. 168)

1. **Stufe:** Der/die Ausbilder/in legt das Lernziel fest und teilt es dem Lehrmädchen/burschen mit. Weiters werden Angaben über die benötigten Ressourcen gemacht und selbige vorbereitet. Die Lehrlinge werden motiviert das Lernziel zu erreichen.

2. **Stufe:** Der/die Ausbilder/in führt die Tätigkeit vor den Augen des Lehrmädchens/burschen aus, so dass dieses/r den genauen Ablauf kennen lernt. Die einzelnen Handgriffe werden im Detail erläutert. Hinweise, worauf besonders geachtet werden muss, werden gegeben.

3. **Stufe:** Das/der Lehrmädchen/bursch macht das Vorgezeigte nach und wiederholt dabei die genannten Erklärungen. Der/die Ausbilder/in beobachtet die Arbeitsweise und greift bei Bedarf korrigierend ein. Die unterwiesene Person probiert das Gezeigte selbst aus.

4. **Stufe:** Durch mehrmaliges Wiederholen übt sich der Arbeitsablauf ein, wodurch das/der Lehrmädchen/bursch immer selbstständiger arbeiten kann. Der/die Ausbilder/in macht von Zeit zu Zeit stichprobenartige Kontrollen über die Beherrschung der Fertigkeit (Paulik, 1988, S. 167 ff).

2.2 Lernen und Wissensmanagement

In diesem Abschnitt setzen wir uns näher mit Lernen und Wissen im Kontext des Arbeitsplatzes auseinander. „Lernen ist der Prozess und Wissen das Ergebnis" erklärt Willke den Zusammenhang zwischen Lernen und Wissen (Willke, 2007, S. 48).

Dabei betont er, dass Menschen und Organisationen sich dem Lernen nicht entziehen können. Lernen findet immer statt ohne sagen zu können, ob das Erlernte gut oder schlecht, sinnvoll oder sinnlos ist. Lernen verursacht demnach ständig neues Wissen. Ist bereits einiges an Wissen vorhanden, mag das zwar das Lernen unter Umständen verhindern, neues Wissen wirft jedoch meist viele weitere Fragen auf, welche wiederum Impuls für neue Lernprozesse sein können. Ob es zu dieser positiven Rückkoppelung von Wissen auf Lernen kommt, hängt stark von der Motivation und den bisherigen Lernerfahrungen des lernenden Subjekts ab (ebd., S. 48 - 51).

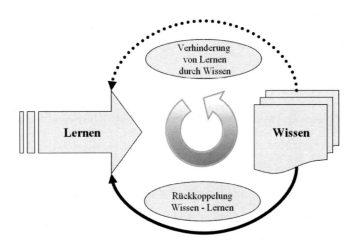

Abbildung 6: Zusammenhang von Lernen und Wissen (Willke, 2007, S. 50)

War in den Agrargesellschaften das Land und in der darauffolgenden Industriegesellschaft das Kapital bzw. die Arbeitskraft der wichtigste Produktionsfaktor, so ist in der sich gegenwärtig herausbildenden Wissensgesellschaft das Wissen die zentrale Ressource. Die klassischen Produktionsfaktoren Land, Kapital und Arbeitskraft sind zwar nicht obsolet, die Gewichtung hat sich jedoch deutlich in Richtung des Wissens verschoben. Folglich spielt auch das Management der Ressource Wissen für die Unternehmen künftig eine zunehmende Rolle (Willke, 2007, S. 20 f). Folgendes Zitat unterstreicht die Bedeutungszunahme des Wissens für Unternehmen:

„Von seltenen Ausnahmen abgesehen, gründet die ökonomische und produktive Kapazität eines modernen Unternehmens eher auf seinen intellektuellen Fähigkeiten und Serviceleistungen als auf seinen materialen Werten - Land, Fabrik und Ausrüstung" (Quinn, 1992, zit. n. Willke, 2007, S. 21).

North nennt drei Triebkräfte des Wissens als Schlüsselressource in der postindustriellen Ära. Erstens der strukturelle Wandel, der Unternehmen weniger Waren und mehr Dienstleistungen „produzieren" lässt. Zweitens die Globalisierung, wodurch sich die Produktion von Waren in Schwellen- und Entwicklungsländern verlagert hat und die ehemaligen Industrienationen zu Wissensnationen aufgestiegen sind. Drittens die rasante Entwicklung von Informations- und Kommunikationstechnologien, welche die bereits genannten Faktoren zusätzlich anheizen und für die rasche weltweite Verteilung von transparenten Informationen sorgen (North, 2011, S. 14 f).

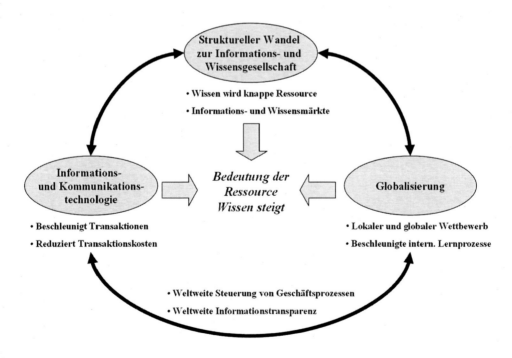

Abbildung 7: Triebkräfte der Ressource Wissen (North, 2011, S. 15)

2.2.1 Begriffsklärung

Häufig wird der Begriff „Wissen" verwässert, indem er annähernd synonym mit verwandten Ausdrücken verwendet wird. Aus diesem Grund folgt nun eine kurze Klärung der Begriffe Daten, Informationen und Wissen.

Daten entsprechen objektiven Tatsachen, welche nicht an ein bestimmtes Werturteil oder einen Kontext gebunden sind. Sie können etwa mit Hilfe von Messungen als kleinste beobachtbare Unterschiede konstruiert werden (Empson, 2001, S. 473).

Informationen fußen auf Daten, welchen eine Bedeutung zugemessen wird. So stellen Daten über die Temperatur für einen Meteorologen eine mitunter relevante Information dar. Für eine Zahnärztin hingegen sind diese Daten eher uninteressant, sie kann keine für ihre Arbeit sinnvollen Informationen daraus ziehen. Ob Daten zu Informationen werden, hängt letztlich immer von der Bedeutung ab, die ihnen vom System, das die Daten nutzen will, beigemessen wird (ebd., S. 473).

Wissen gründet auf Informationen, zu denen Erfahrungswerte existieren. Die Informationen werden verwendet um Vergleiche anzustellen, Zusammenhänge zu erkennen und Folgen abzuschätzen. So mag das Ansteigen des Flusspegels auf fünf Meter für den Katastrophenschutz zwar eine interessante Information sein. Wissen ergibt sich daraus aber erst, wenn bekannt ist, dass beim Überschreiten der Fünfmetermarke mit schlimmen Überschwemmungen zu rechnen ist und eine Evakuierung eingeleitet werden müsste. Wissen entspricht folglich Informationen, die in einem Erfahrungskontext stehen und für das Verhalten relevant sind (ebd., S. 473).

2.2.2 Wissenstreppe und Kompetenzstufen

Die Wissenstreppe nach North bietet eine sehr differenzierte Abgrenzung von Wissen zu anderen verwandten Begrifflichkeiten (Abbildung 8). Sie führt ausgehend von den Zeichen hin zur Expertise und veranschaulicht kumulativ die Zusammenhänge von

Stufe zu Stufe. Zu Beginn stehen die **Zeichen**, welche als unerschöpflicher Vorrat an Symbolen, Buchstaben und Ziffern die grundlegenden Elemente bilden. Durch die Ordnung der Zeichen mit Hilfe einer entsprechenden Syntax werden daraus **Daten,** welche in der Alltagswelt bemerkbare Unterschiede markieren, aber frei von Bewertungen oder Interpretationen sind. Erst wenn den Daten eine entsprechende Bedeutung, die Semantik, beigemessen wird, resultieren daraus **Informationen**. Sind Informationen in einen entsprechenden Erfahrungskontext eingebettet, so ergibt sich daraus **Wissen** (North, 2011, S. 35 - 37).

Während die bisherigen Unterscheidungen mit der vorangegangenen Begriffsklärung deckungsgleich sind, kennt die Wissenstreppe noch weitere Schattierungen des Wissens. Diese Schattierungen sagen etwas über die Güte des Wissens aus. Mit jeder zusätzlichen Stufe nimmt nämlich die Sicherheit in der praktischen Anwendung zu. So ergibt Wissen plus Anwendung und Motivation das **Handeln** (Know-how) und aus dem Handeln wird mit entsprechend langer Erfahrung die **Kompetenz**. Kompetenz kann mit situationsadäquatem, korrektem Handeln umschrieben werden. Schließlich ist mit der **Wettbewerbsfähigkeit**, die aus Kompetenz plus Einzigartigkeit hervorgeht, die oberste Schwelle der Wissenstreppe erreicht. Wettbewerbsfähigkeit bedeutet nicht nur Wissen zu haben und anzuwenden, sondern auch ein effizientes Verhalten an den Tag zu legen, welches von Einzigartigkeit geprägt ist (ebd., S. 38 f).

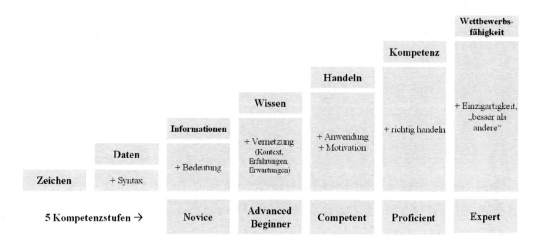

Abbildung 8: Die Wissenstreppe mit Kompetenzstufen
(North, S. 35 - 39 und Dreyfus & Dreyfus, 1987, S. 37 - 62)

In Abbildung 8 wurde die Wissenstreppe um die von Dreyfus und Dreyfus vorgeschlagenen fünf Kompetenzstufen erweitert. Auf der Stufe der Informationen befinden sich demnach die **Anfänger/innen (Novice)**. Diese besitzen meist nur theoretisches Wissen (Schulbuchwissen) und ihr persönlicher Ermessensspielraum ist stark eingeschränkt. Sie müssen streng überwacht oder zumindest sehr genau instruiert werden (Dreyfus & Dreyfus, 1987, S. 43 f).

Mit der Stufe des Wissens korrespondieren die **fortgeschrittenen Anfänger/innen (Advanced Beginner)**. Diese können bereits etwas praktische Erfahrung vorweisen, wenngleich es ihnen noch an der Einschätzung der Gesamtsituation mangelt. Deshalb schenken sie allen Aspekten einer Aufgabe die gleiche Aufmerksamkeit. Einfache Arbeiten werden zufriedenstellend erledigt. Sie erreichen die Mindestanforderungen. Komplett eigenständiges Arbeiten ist aber nicht möglich (ebd., S. 45 f).

Das Handeln **sachkundiger Personen (Competent)** ist routiniert. Sie sind sich über die langfristigen Auswirkungen ihres Handelns bewusst und kommen mit komplexen Situationen gut zurecht. Ihr Wissen ist arbeitserprobt, die Qualität der Arbeit gut. Viele Aufgaben können in eigenem Ermessen erledigt werden (ebd., S. 46 - 51).

Auf der Stufe der Kompetenz befinden sich **erfahrene Personen (Proficient)**, welche gute bis sehr gute Arbeit verrichten. Ihr Handeln ist von Schnelligkeit und Flexibilität geprägt. Erfahrene Personen nehmen eine Situation als Ganzes wahr und erkennen abweichende Muster aufgrund ihrer Erfahrung. Sie konzentrieren sich auf die wesentlichen Dinge. Für Entscheidungen, die sehr selbstbewusst getroffen werden, wird die Verantwortung übernommen (ebd., S. 51 - 54).

Die **Experten (Expert)** erbringen durchwegs sehr gute Leistungen und handeln ohne sich auf Regeln oder andere Vorgaben stützen zu müssen. Ihre Arbeit erledigen sie mit einer gewissen Leichtigkeit. Sie erfassen neue Situationen rasch und treffen intuitiv die richtigen Entscheidungen. Experten entwickeln bestehende Standards weiter und kreieren ihre eigenen Visionen. Für ihre Entscheidungen tragen sie die volle Verantwortung (ebd., S. 54 - 60).

2.2.3 Kennzeichen von Wissen

Wissen, das wir als Ergebnis von Lernen definiert haben, ist eine Ressource, die sich im Vergleich mit anderen Produktionsfaktoren nur schwer steuern lässt und sich geschickt einer systematischen Steuerung entzieht (Willke, 2007, S. 26).

Die neue Ressource Wissen ist weiters gekennzeichnet durch (Teufer, S. 11 f):

- Wissen wird mehr, wenn man es teilt.
- Wissen bleibt der Person, die es weitergibt, erhalten.
- Wissen ist an einen/eine Wissensträger/in geknüpft.
- Wissen befindet sich meist ungenützt in den Köpfen der Mitarbeiter/innen.
- Wissen ist in Bewegung und verändert sich im Zeitablauf.
- Wissen lässt sich schwer in Zahlen fassen, es ist kaum messbar.

2.2.4 Wissensmanagement im Unternehmen

Ein vierstufiges Konzept des Wissensmanagements stammt von Nonaka und Takeuchi. Im Mittelpunkt steht dabei die Art und Weise wie neues Wissen erzeugt wird. Viele Management Theorien betonen zwar die wachsende Bedeutung der Ressource Wissen, der Aspekt der Wissenserzeugung wird aber nach Sichtweise der Autoren nicht näher beleuchtet (Nonaka & Takeuchi, 1995, S. 49).

Grundlegend für ihr Modell ist Polanyis Unterscheidung in stilles oder implizites und explizites Wissen. Implizites Wissen wird dabei als Erfahrungswissen gesehen, welches durch die persönlichen Ansichten, Erfahrungen und Werte des jeweiligen Individuums gefärbt ist und sich nur schwer fassen lässt. Explizites Wissen wiederum ist normiertes Wissen, das sich in einer formalen Sprache ausdrücken und niederschreiben lässt. Genau genommen kann neues Wissen nur von Menschen erzeugt werden. Wissen, das eine Organisation hervorbringt, sei demnach individuelles Wissen, welches über die Organisation verstärkt und angereichert wurde (ebd., S. 59).

Das Verhältnis zwischen implizitem und explizitem Wissen entspricht dem Verhältnis zwischen dem sichtbaren und dem unsichtbaren Teil eines Eisbergs: Nur die Spitze des individuellen Wissens einer Person liegt explizit z. B. in Form von schriftlichen Aufzeichnungen oder Tonbandaufnahmen vor. Der große Rest, das implizite Wissen, liegt im Verborgenen unter der Wasseroberfläche (Empson, 2011, S. 473 - 474).

Diese beiden Wissensarten bringen Nonaka und Takeuchi in einen Zusammenhang, der den Konvertierungsprozess zwischen implizitem und explizitem Wissen in Form einer Spirale beschreibt (Abbildung 9). Dabei betonen sie, dass es sich um einen Prozess zwischen Individuen und nicht um einen Vorgang innerhalb einer Person handelt. Aus diesen Umformungsprozessen lassen sich vier verschiedene Arten der Wissenserzeugung ableiten (Nonaka & Takeuchi, 1995, S. 61 - 71):

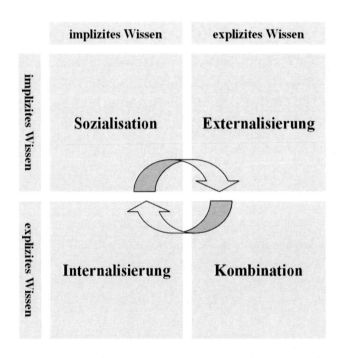

Abbildung 9: Wissensspirale - Vier Modi der Wissenserzeugung
(Nonaka & Takeuchi, 1995, S. 62, 71)

Im Prozess der **Sozialisation** wird implizites Wissen zu neuem implizitem Wissen indem Erfahrungen ausgetauscht werden. Hier bietet sich die Lehrlingsausbildung als anschauliches Beispiel an, wo Lehrlinge über Zuschauen und Nachmachen von den

Ausbildern/Ausbilderinnen lernen. Es bedarf dazu keiner großen Worte, das implizite Wissen wird mit Hilfe der Nachahmung zu neuem implizitem Wissen auf der Ebene der Jugendlichen.

Bei der **Externalisierung** wird implizites Wissen in explizites Wissen umgewandelt. Die bekannteste Form dazu ist stilles Wissen niederzuschreiben. Da Worte niemals unser ganzes Wissen abdecken können, mündet eine Externalisierung in Modellen, Hypothesen oder Metaphern, welche zwangsläufig lückenhaft sind. Diese Lücken im externalisierten Wissen fördern jedoch den Dialog zwischen den Individuen und führen über eine kritische Reflexion des expliziten Wissens zu neuen Konzepten.

Die Transformation von explizitem Wissen zu explizitem Wissen erfolgt bei der **Kombination**. Dabei wird explizites Wissen systematisch verarbeitet, neu geordnet und sortiert oder aus einer veränderten Perspektive betrachtet. Als Beispiele können die rein schulische Ausbildung mit Lehrbüchern bzw. die Arbeit eines Buchhalters, der eine Bilanz erstellt, genannt werden. Vorhandenes explizites Wissen wird zu neuem Wissen kombiniert, welches wiederum explizit vorliegt.

Schließlich folgt mit der **Internalisierung** die vierte Art der Wissenserzeugung. Sie beschreibt die Umwandlung von explizitem Wissen zu implizitem Wissen. Diese Form der Wissenserzeugung ist eng mit dem Konzept „Learning by Doing" verwandt. So werden etwa vorgegebene Arbeitsabläufe mit der Zeit durch die ständige Anwendung verinnerlicht, sodass sie zu implizitem Wissen konvertieren. Hilfreich für die Internalisierung ist dabei, wenn das Wissen vormals explizit z. B. in Form von schriftlichen Aufzeichnungen oder mündlichen Berichten vorgelegen ist. Damit können andere dieses Wissen leichter nacherfahren und verinnerlichen.

Die Autoren betonen, dass Wissen erst durch die Interaktion von Menschen transformiert wird. Mit jeder Drehung der Wissensspirale nehmen sowohl Qualität als auch Quantität des Wissens zu. Der Prozess, der Wissen erzeugt, ist der ewige Kreislauf zwischen Sozialisation, Externalisierung, Kombination und Internalisierung.

Ein Unternehmen soll auf eine optimale Balance zwischen Wissensflut und Wissensebbe achten (siehe Abbildung 10). Sowohl ein zu viel als auch ein zuwenig an Wissen wird in Betrieben als problematisch gesehen (Soukup, 2001, S. 172 - 179).

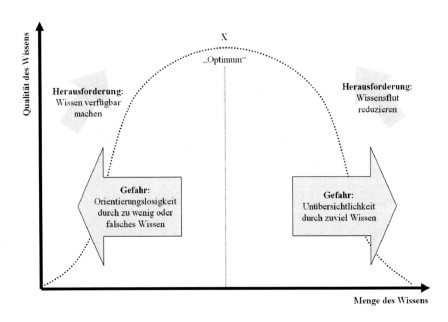

Abbildung 10: Balance zwischen Wissensebbe und Wissensflut (Soukup, 2001, S. 177)

2.2.5 Mobilisierung des unternehmensinternen Wissens

Eine Unternehmung im Sinne einer lernenden Organisation tut gut daran das implizite Wissen ihrer Mitarbeiter/innen zu nützen. Die wichtigste Maßnahme das vorhandene Wissen zu mobilisieren besteht darin, die Wissensspirale anzukurbeln. So kann das Wissen ausgehend von der individuellen Ebene über Kleingruppen, Teams und Abteilungen auf die Ebene der Organisation hinaufgehoben werden. Folgt man den Empfehlungen von Nonaka und Takeuchi, so birgt man den Schatz an implizitem individuellem Wissen, indem Mitarbeiter/innen nicht nur miteinander arbeiten (Sozialisation), sondern auch angehalten werden gemeinsame Brainstormings durchzuführen (Externalisierung). Generell sollen der gegenseitige Austausch und die Reflexion gefördert werden. Der nächste Modus (Kombination) wird berücksichtigt, indem eine Organisation ihren Arbeitskräften Zugang zum expliziten Wissen des Unternehmens verschafft. So können diese es unter ihren jeweiligen Gesichtspunkten neu ordnen und sinnvoll erweitern. Schließlich erleichtern Freiräume das Selbstausprobieren und Einüben (Internalisierung), so dass neues implizites Wissen entstehen kann (Nonaka & Takeuchi, 1995, S. 70 - 73).

Die nun beispielhaft angeführten Maßnahmen eignen sich gut, um neues Wissen im Unternehmen zu generieren. Der Fokus liegt dabei auf der Externalisierung, also der Umwandlung von implizitem zu explizitem Wissen.

Wissensgemeinschaften (Communities of Practice): Wissensgemeinschaften bestehen aus einer Gruppe von Personen, welche sich über einen längeren Zeitraum regelmäßig treffen, um sich über ein Thema von gemeinsamem Interesse auszutauschen. Die Teilnahme an den Wissensgemeinschaften ist freiwillig. Ihr Nutzen besteht vor allem darin, eine Plattform für den Austausch zu bilden, neue Mitarbeiter/innen einzuführen, vorhandenes Wissen zu sichern und Kompetenzen weiterzuentwickeln. Schließlich helfen Wissensgemeinschaften eine gemeinsame Identität in Hinblick auf die Mitglieder und das Thema aufzubauen (North, 2011, S. 162 - 172).

Brainstorming-Camps: Japanische Firmen veranstalten häufig Brainstorming-Camps zur Diskussion und Problemlösung. Dazu trifft man sich in informellem Rahmen außerhalb der Arbeit, um gemeinsam zu Essen, Sport zu treiben und sich ausgiebig auszutauschen. Eines ist jedoch unerwünscht: Kritik an Ideen und Vorschlägen. Dies deshalb, weil die Auffassung besteht, dass Kritisieren zehnmal leichter ist, wie einen konstruktiven Vorschlag zu machen (Nonaka & Takeuchi, 1995, S. 63).

Der Mikroartikel: Eine sehr rasche Form individuelles Wissen explizit zu machen, stellt das Tool des Mikroartikels dar. Wie der Name vermuten lässt, notiert dabei eine Person die Lernerfahrungen kurz und prägnant auf maximal einer Seite. Der Mikroartikel soll allgemein verständlich und nachvollziehbar geschrieben sein. Er ist nicht nur eine gute Grundlage, um mit dem Umfeld in Austausch zu treten, sondern auch eine effiziente Art, sich sein eigenes Wissen anschaulich vor Augen zu führen (Willke, 2007, S. 83 - 98).

2.3 Rollen und Rollenkonflikte

2.3.1 Definition Rolle

Die Rolle ist ein Begriff aus der Soziologie und bezeichnet die „Summe der Erwartungen und Ansprüche von Handlungspartnern, einer Gruppe, […] oder der gesamten Gesellschaft an das Verhalten und das äußere Erscheinungsbild […] des Inhabers einer sozialen Position" (Hillmann, 2007, S. 756).

Nach Merton kann ein Individuum verschiedene gesellschaftliche Status, den sogenannten „Status-set" haben. Je nach betrachtetem Status hat es weiters ein spezielles „Role-set", was einem Rollenbündel entspricht, das ihm zugeschrieben wird. Damit ist gemeint, dass eine Person, die beispielsweise den gesellschaftlichen Status „Lehrmädchen/bursch" hat, mit einem Bündel an Rollen konfrontiert ist. Da Menschen unterschiedlichen Teilsystemen der Gesellschaft angehören, haben sie verschiedene Rollen in sich vereint. Status und damit verbundene Rollen helfen ein gewisses Maß an sozialer Ordnung herzustellen, indem sie das Verhalten der Menschen vorhersehbar und damit für andere planbar machen (Merton, 1995, S. 349 ff).

Rollenkonformes Verhalten kann durch die Androhung von Sanktionen verstärkt werden. So erahnt ein/e Rollenträger/in die Verbindlichkeit des erwünschten Verhaltens je nach Schärfe der Sanktionen: **Muss-Erwartungen** werden meist vom Gesetz vorgegeben und deren Missachtung entsprechend strafrechtlich verfolgt. **Soll-Erwartungen** sind weniger scharf, können aber z. B. mit sozialer Ächtung einhergehen. Der größte Spielraum für die Ausgestaltung der Rolle existiert bei **Kann-Erwartungen**, welche gesellschaftlich positiv konnotiert sind. Darunter versteht man etwa ein besonderes Engagement, die Übernahme eines Ehrenamtes oder Gefälligkeiten (Hillmann, 2007, S. 756 f).

Rollen können einem Subjekt auf zweierlei Arten zuteilwerden. Sie können „zugeschrieben" oder „erworben" werden. Möglicherweise wird die Rolle aufgrund eines bestimmten Merkmals z. B. dem Lebensalter, der Herkunft etc. zugeschrieben. Die

Rolle kann aber auch erst im Laufe der Zeit erworben werden, was die zweite Möglichkeit darstellt. Dies ist etwa bei bestimmten Berufsrollen der Fall (ebd., S. 757).

Nach Ansicht mancher Autoren/Autorinnen greift das Konstrukt der Rolle zu kurz. Sie bezeichnen sie als „Kunstfigur". Dies deshalb, weil durch die Konzentration auf die jeweilige Rolle die Gesamtpersönlichkeit zu stark in den Hintergrund tritt. So deckt sich die Persönlichkeit einer jungen Frau nie mit dem engen Rollenbild des Lehrmädchens. Um eine ganzheitliche Betrachtungsweise zu erhalten, wird der Lehrmädchen-/burschrolle das „Lehrmädchen-/burschsein" und der Ausbilder-/inrolle das „Ausbilder-/insein" beigestellt. Das „Sein" berücksichtigt damit alle Facetten der Persönlichkeit also den individuellen Zustand eines Menschen (Ittel & Raufelder, 2009, S. 73 f).

2.3.2   Erwartungen an Ausbilder/innen

Entsprechend dem Role-set sollen Ausbilder/innen aufgrund ihrer Position einer ganzen Reihe von Rollen gerecht werden: Erzieher/in, Berater/in, Freund/in, Coach, Vorbild, Elternersatz und natürlich Ausbilder/in. Die Vielzahl der damit verbundenen Ansprüche an ihr Verhalten kann nur erahnt werden und lässt sich an dieser Stelle nicht befriedigend abdecken. Die Muss-Erwartungen an die Rolle der Ausbilder/in hingegen sind im § 9 BAG verankert und können wie folgt zusammengefasst werden:

- Meldung des Lehrverhältnisses bei der Lehrlingsstelle
- Planung des Inhalts und Zeitablaufes der Ausbildung
- Fachliche Unterweisung der Lehrlinge gemäß Ausbildungsvorschriften
- Überwachung der Ausbildung
- Bedachtnahme auf die Kräfte der Lehrlinge
- Anleitung zu ordnungsgemäßer Aufgabenerfüllung und Sorgfalt
- Wahrnehmung der Vorbildfunktion, selbst ein gutes Beispiel sein
- Verbot körperlicher Züchtigung, Schutz vor Misshandlungen
- Kontaktpflege zu Berufsschule und Eltern
- Erziehungsmaßnahmen z. B. Einmahnung von Pünktlichkeit
- Ermöglichung von Berufsschule und Lehrabschlussprüfung

Zusammenfassend werden der Rolle der Ausbilder/innen neben organisatorischen Agenden in erster Linie die fachliche Unterweisung, erzieherische Maßnahmen und die Aufgabe, ein positives Vorbild zu sein, zugeschrieben (Crisand & Rahn, 2012, S. 96 f).

In einer Studie wurden Ausbilder/innen und Lehrlinge im Einzelhandel zur Rolle der Ausbilder/innen befragt (Abbildung 11). Erstgenannte sehen sich in erster Linie als Modell/Vorbild, gefolgt von Begleiter/in bzw. Ansprechpartner/in und Wissensvermitt-ler/in. Auszubildende hingegen messen der Funktion als Begleiter/in bzw. Ansprech-partner/in die größte Bedeutung zu. Die vermeintliche Hauptaufgabe, nämlich die der Wissensvermittlung, wurde von beiden Gruppen am wenigsten häufig genannt (Rausch, 2009, S. 17 f).

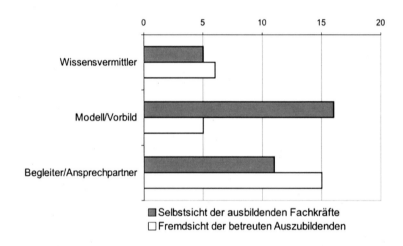

Abbildung 11: Pädagogisches Rollenverständnis der Ausbilder/innen (Rausch, 2009, S. 17)

2.3.3 Erwartungen an Lehrlinge

Auch bei den Lehrlingen finden sich entsprechende gesetzliche Bestimmungen im Berufsausbildungsgesetz. Nach § 10 BAG sind die Pflichten der Lehrlinge demnach:

- Bemühen alle erforderlichen Fertigkeiten und Kenntnisse zu erwerben
- Ordnungsgemäße Erfüllung der übertragenen Arbeiten im Zuge der Ausbildung
- Verhalten, das der Eigenart des Betriebes Rechnung trägt
- Verschwiegenheit über Geschäfts- und Betriebsgeheimnisse

- Sorgsamer Umgang mit anvertrauten Werkstoffen, Werkzeugen und Geräten
- Abmeldung von Betrieb und Schule im Fall von Erkrankung/Verhinderung
- Vorlage von Schulunterlagen und Schulzeugnissen

Eine Untersuchung von neun Lehrbetrieben aus dem Jahr 1986 brachte als wichtigste drei Anforderungen an Lehrlinge die Selbstständigkeit, die Unterordnung sowie den persönlichen Einsatz ans Licht (Abbildung 12). Selbstständig zu sein bedeutet in dieser Studie „die Arbeit zu sehen und mitzudenken". Unterordnung wurde mit „einen Anpfiff schlucken können" und „Hierarchiebewusstsein" beschrieben und Einsatz schließlich mit „Engagement für den eigenen Aufgabenbereich" (Lawaczeck, 1986, S. 260 f).

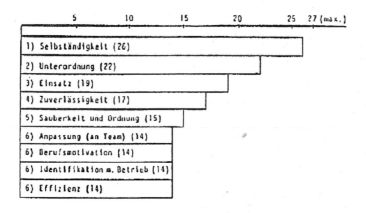

Abbildung 12: Wichtigste Anforderungen an Lehrlinge (Lawaczeck, 1986, S. 260)

Stellvertretend für einen der vielen Aspekte des „Lehrmädchen-/burschseins" steht folgende Antwort eines Lehrbuben, auf die Frage, warum er Lehraktivitäten anderen gegenüber nicht in seinem Lerntagebuch dokumentiert hatte: „Well, I didn't record them because I thought I was the one *being learned*" (Fuller & Unwin, 2003, S. 45).

2.3.4 Rollenkonflikte der Lehrlinge und Ausbilder/innen

Ein Rollenkonflikt ergibt sich, wenn an den/die Inhaber/in einer sozialen Rolle unterschiedliche Rollenerwartungen herangetragen werden. Beim **Intra-Rollenkonflikt** bestehen diese Widersprüche innerhalb derselben Rolle, beim **Inter-Rollenkonflikt** zwischen mehreren Rollen derselben Person. Ein Inter-Rollenkonflikt geht oft auch mit einer Überlastung der Rolle einher, wie es etwa berufstätige Mütter kennen. Betrachten wir die Ausbilder/innen, so ist ein typischer Intra-Rollenkonflikt die richtige Balance zwischen Übungsaufgaben und produktiver Arbeit zu finden. Ausbilder/innen klagen hier oftmals über zu wenig Zeit für eine qualitative Ausbildungsarbeit. Ein Inter-Rollenkonflikt der Ausbilder/innen ergibt sich beispielsweise aus den widersprüchlichen Anforderungen an die Rollen als Erzieher/in und Freund/in. Während Erstgenannte/r Pünktlichkeit und Pflichtbewusstsein einmahnt, ist Letztgenannte/r nachgiebig und lässt gewähren (Hillmann, 2007, S. 758 f).

Auch die vorliegende Forschungsfrage zielt auf einen Rollenkonflikt ab. Die klassischen Rollen der Ausbilder/innen als Lehrende und Lehrlingen als Lernende werden auf den Kopf gestellt. Das ist nicht ganz unproblematisch, da einander komplementär entsprechende Rollenerwartungen die Basis für eine stabile Gesellschaft und somit auch für eine gedeihliche Lehrlingsausbildung bilden. Rollenerwartungen sind dann komplementär, wenn die Pflichten der Rolleninhaber/innen den Rechten der Rollenpartner/innen entsprechen und vice versa (ebd., S. 756).

2.4 Generationen und Generationenkonflikt

2.4.1 Definition Generation

Der Begriff Generation kann aus drei verschiedenen Perspektiven betrachtet werden. Die Soziologie versteht darunter „die Gesamtheit aller ungefähr gleichaltrigen Personen, die ähnliche kulturelle und soziale Orientierungen, Einstellungen und Verhaltensformen aufweisen" (Hillmann, 2007, S. 274).

In der Genealogie wird unter Generation die genetische Abfolge der Zugehörigkeit zu einer Familie verstanden. Der Abstand der Generationenfolge beträgt dabei in etwa 25 Jahre, was dem durchschnittlichen Gebär- bzw. Zeugungsalter entspricht. Der Generationenbegriff der Pädagogik ist durch die Separierung in Lehrende und Lernende gekennzeichnet. Hier besteht die Unterscheidung darin, dass die eine Generation der anderen etwas beibringt (Antz, Franz, Frieters & Scheunpflug, 2009, S. 15).

Aufgrund der Vielzahl von Generationenarten kann ein Individuum gleichzeitig mehreren Generationen angehören. Jemand entspricht beispielsweise der genealogischen Generation „Vater", gleichzeitig aber auch der „68er-Generation". Im Jahr 2012 zählen Lehrlinge zum Beispiel zur Generation „Facebook", gleichzeitig sind sie genealogisch gesehen auch „Töchter" und „Söhne" (ebd., S. 16).

2.4.2 Generationenkonflikt

Seit jeher ist das Verhältnis der Generationen spannungsgeladen und durch ein Gefälle an Autorität und Macht gekennzeichnet. So kontrolliert eine Generation etwa den Zugang zu Bildung, Nahrung und Besitz und bringt die andere damit in Abhängigkeit, woran sich der Generationenkonflikt entlädt (Hillman, 2007, S. 274).

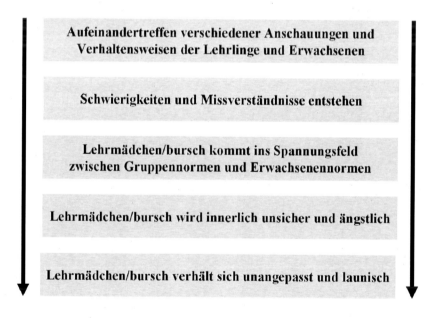

Abbildung 13: Dynamik des Generationenkonflikts (Crisand & Rahn, 2012, S. 86)

Eine Ursache für das Generationenproblem liegt im Paradox der „Ungleichzeitigkeit des Gleichzeitigen" (Liegle & Lüscher, 2004, S. 38). „Dasselbe Ereignis wird von Jungen und Alten - aufgrund ihrer verschiedenen Lebensalter und damit anderen Zeiterlebnisse [sic] - unterschiedlich interpretiert. Bei den Jungen ohne Rücksicht auf das Vergangene, bei den Alten meist im Vergleich zum Vergangenen oder […] der Integration des Gegenwärtigen als des Gewordenen" (Böhnisch, 1998, S. 67).

Obwohl alle Generationen im Hier und Jetzt leben (Gleichzeitigkeit), drückt die doppelte Zeitlichkeit aus, dass ihr Erfahrungsschatz durch ihr Lebensalter verschieden weit zurückreicht (Ungleichzeitigkeit). Dies führt zu ungleichen Verhaltensweisen und Anschauungen der Ausbilder/innen und Lehrlinge und begründet den in Abbildung 13 dargestellten Generationenkonflikt (Liegle & Lüscher, 2004, S. 38).

2.4.3 Beziehung der Ausbilder/innen und Lehrlinge

Da in der Literatur kein eigenes Modell für die Beziehung zwischen Ausbildungskräften und Lehrlingen auffindbar ist, wird Anleihe in der Schulpädagogik bzw. den Erziehungswissenschaften genommen und Nickels transaktionales Modell der Lehrer/innen-Schüler/innen-Beziehung adaptiert. In dieser angepassten Form berücksichtigt das Modell neben den Ausbildungskräften auch das Verhalten der Lehrlinge in Form eines umfassenden, gegenseitigen Beziehungsgeflechts (Ittel & Raufelder, 2009, S. 70).

Demnach wird die Interaktion auf beiden Seiten jeweils von zwei Variabeln beeinflusst: Das soziokulturelle Umfeld bildet, wie in Abbildung 14 dargestellt, als externe Variable die soziale Lernvergangenheit, die gegenwärtigen sozialen Beziehungen und Erfahrungen sowie weitere objektivierte Einflüsse ab und beeinflusst das Handeln der Ausbilder/innen und Lehrlinge. Als interne Variablen existieren die Wahrnehmung, das Verhalten sowie persönliche Einstellungen, das sind Rollenerwartungen und Gewohnheiten. Das Modell verdeutlicht, dass Ausbilder/innen und Lehrlinge in ihrer Interaktion subjektiv jede Situation wahrnehmen, einschätzen und ihr Handeln danach ausrichten. Die Kombination interner und externer Variablen erhöht die Komplexität der gegenseitigen Beziehung (ebd., S. 71).

Je nach Benehmen der Lehrlinge fühlen sich Ausbilder/innen in ihrem Verhalten bestätigt oder nicht und modifizieren ihr Verhalten künftig entsprechend. Da dieser

Zusammenhang auch umgekehrt auf die Lehrlinge zutrifft, beeinflussen sich beide Parteien gegenseitig. Problematisch sind dabei Wahrnehmungsverzerrungen, welche sich zu einer selbst erfüllenden Prophezeiung auswachsen können (ebd., S. 71 f).

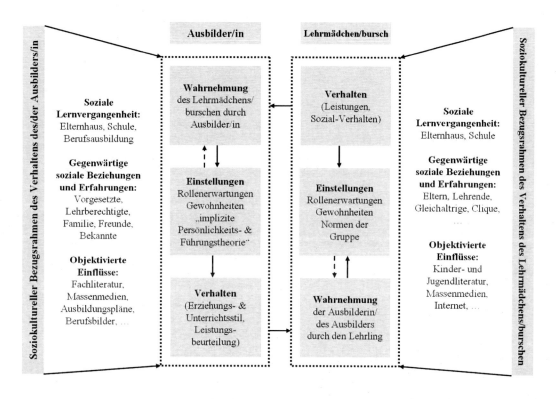

Abbildung 14: Transaktionales Beziehungsmodell (Ittel & Raufelder, 2009, S. 71)

Eine Feldstudie über das Verhältnis zwischen jungen Ausbildern/Ausbilderinnen und ihren Lehrlingen zeigt, dass dieses überwiegend als „gut" bezeichnet wurde. Damit kommt zum Ausdruck, dass ein gegenseitiges Verständnis für die jeweils andere Person vorhanden ist. In manchen Fällen aber prägen Machtverhältnisse die Beziehung. Es wird deutlich, dass Ausbilder/innen am längeren Ast sitzen und notfalls ihre Interessen durchsetzen können. Junge Ausbilder/innen sehen sich in ihrem Verhältnis zu den Lehrlingen häufig auch „auf Augenhöhe". Zu guter Letzt empfinden manche Ausbilder/innen ihre Lehrlinge auch als Belastung (Leidner, 2011, S. 152 - 155).

2.5 Veränderungen im Zeitablauf

2.5.1 Gesellschaft und Wirtschaft im Wandel

Die heutige Gesellschaft ist von Vielfalt geprägt. Familienformen mit Vater-Mutter-Kind/er-Schema werden aufgeweicht, die Anzahl der Singles steigt und die Grenzen zwischen den Generationen verschwimmen immer mehr (Böhnisch, 2007, S. 72).

Gleichzeitig lässt sich eine Abnahme des Wertes von erfahrungsbezogenem oder tradiertem Wissen im Vergleich zum theoretisch-wissenschaftlichen Wissen beobachten (Hillmann, 2007, S. 275). Für die Berufs- und Arbeitswelt bedeutet dies, dass das Lebensalter als Kriterium für die Verteilung von Macht und Autorität auf bestimmte Mitglieder der Gesellschaft nicht mehr tauglich ist. Da junge Menschen heutzutage vieles beherrschen, was ältere sich nicht einmal im Traum ausmalen können, relativieren sich die vermeintlichen Erfahrungsvorsprünge der Erwachsenen stark (Böhnisch, S. 73).

In Bezug auf die Wirtschaft ist gar von einem neuen Sozialkontrakt die Rede. Durch den Wandel von der Industrie- zur Wissensgesellschaft suchen Unternehmen anstelle der Arbeitskraft vermehrt „Arbeitsintelligenzen". Darunter versteht man Personen, die mitdenken und dem Unternehmen neben ihrer Arbeitskraft auch ihr Wissen, ihre Intelligenz und ihre Lernfähigkeit zur Verfügung stellen (North, 2011, S. 121 f).

Neben diesem Trend sind die wirtschaftlichen Entwicklungen besonders stark durch die rasanten technologischen Entwicklungen und die globale Vernetzung mittels Internet und modernen Kommunikationstechnologien gekennzeichnet. Auch der demographische Wandel ist immer mehr spürbar. Die Alterspyramide steht Kopf, junge Fachkräfte werden immer begehrter. Schließlich steigen auch die Anforderungen an die Arbeitskräfte in der Arbeitswelt. Da diese vermehrt mit unsicheren Arbeitsverhältnissen konfrontiert sind (Teilzeit, Leasingarbeit, Arbeit auf Werkvertragsbasis) ist die Erhaltung ihrer Arbeitsfähigkeit eines der zentralen Themen. Als Schlüssel dafür werden Flexibilität und die Bereitschaft zum lebenslangen Lernen gesehen. Von Arbeitskräften wird künftig vermehrt die Kompetenz zur Initiative und Selbststeuerung eigener Lernprozesse verlangt (Bullinger, Buck & Buck, 2007, S. 40 - 48).

2.5.2 Veränderung der klassischen Rollen

In den letzten Jahren lassen sich im Lehrlingswesen zahlreiche Veränderungen beobachten, welche auch eine Veränderung der Rollen von Ausbildern/Ausbilderinnen und Lehrlingen im Zeitablauf vermuten lassen. So tendieren vor allem große Betriebe dazu, die Lehrlingsaufnahme und -ausbildung zu systematisieren und zu professionalisieren. Eigene Abteilungen werden eingerichtet, Lehrbeauftragte ernannt und interne Ausbildungsprogramme in Ergänzung zum Berufsschulunterricht installiert. Der Stellenwert potentieller Lehrlinge für die Unternehmen ist aufgrund der ungünstigen demografischen Entwicklung rasant gestiegen. Die Jugendlichen von heute sind nach Erfüllung der Schulpflicht für die Betriebe so wertvoll wie selten zuvor (Schneeberger, 2007, S. 98 f).

Diese Entwicklungen haben Auswirkungen auf die Rollen der Ausbilder/innen und Lehrlinge. War früher der Spruch „Lehrjahre sind keine Herrenjahre" weit verbreitet, begegnen sich heute beide Parteien zunehmend auf Augenhöhe. Das Verhalten von Lehrlingen ist von mehr Selbstbewusstsein geprägt, sie sind sich ihres hohen Wertes für die Betriebe bewusst. Der „Kampf" um die besten Köpfe hat bereits begonnen und wird in Österreich durch die Lehrlingskampagne des Handelsunternehmens Dm-Drogerie-Markt mit dem Motto „Mich kriegt nicht jeder!" eindrucksvoll belegt (Dm, 2012, Mich kriegt nicht jeder!).

Die Ausbilder/innen reagieren darauf, bilden sich weiter und übernehmen neue Rollen, etwa die der Lernberaterin/des Lernberaters oder der Prozessbegleiterin/des Prozessbegleiters (Rausch, 2009, S. 6). In manchen Unternehmen wird die Auffassung vertreten, dass der schmelzende fachliche Vorsprung der Ausbilder/innen im Vergleich zu den Lehrlingen nur mit Hilfe eines Coaching-Konzepts kompensiert werden kann. Dabei instruieren die Ausbildungskräfte die Lehrlinge nicht nur, sie lernen auch selbst mit, wodurch alle von der Zusammenarbeit profitieren (Röben, 2006, S. 15).

Ein weiterer interessanter Aspekt ist, dass sich die Rollen im Laufe der Lehrzeit anpassen. So geben Ausbilder/innen eine sehr intensive Begleitung und Kontrolle der Lehrlinge während der ersten Wochen und Monate an. Die benötigten Hilfestellungen würden mit der Zeit aber immer weiter abnehmen (ebd., S. 17 f).

2.5.3 Veränderung der Lehr-/Lernmethoden

In der aktuellen wissenschaftlichen Diskussion finden sich an mehreren Stellen Hinweise für den Wandel der klassischen Lehr- und Lernmethoden. Im Bereich der Schulpädagogik ist dieser Wandel historisch sehr gut belegt. Herrschte dort vor hundert Jahren noch ein vom Kasernenhofton geprägter Unterricht, der die Einschüchterung der Schüler/innen beabsichtigte, ist Mitte des vorigen Jahrhunderts der Umgangston offener und auch demokratischer geworden. Bis zum heutigen Tag hat die Lehrerzentriertheit mehr und mehr abgenommen, während die Einbeziehung der Schüler/innen und Eltern gewachsen ist (Meyer, 1997, S. 311 ff).

Untersuchungen aus der Erwachsenenbildung zeigen, dass Erwachsene in Lern- und Lehrsituationen heute mehr Selbstbewusstsein an den Tag legen. Sie sind den Lehrenden gegenüber nicht nur kritischer, sie zeigen auch eine erhöhte Bereitschaft von anderen, gleichgestellten Personen zu lernen. Insgesamt favorisieren Erwachsene jenes Lernen, das in einen sozialen Kontext mit persönlichen Kontakten eingebettet ist (Hackl & Friesenbichler, 2011, S. 4 f).

Im Arbeitsleben wird die klassische Sichtweise, welche Lernen als Speichern von Faktenwissen oder das Üben von Handgriffen recht eng definiert, von neuen Ansätzen abgelöst. Diese betrachten Lernen als Konstruktion, wobei die Lernenden primär Probleme lösen. So bieten die täglichen Aufgaben und Herausforderungen am Arbeitsplatz für die Lernenden die besten und ertragreichsten Lernmöglichkeiten. Neben der Anknüpfung an Alltagsprobleme zeigt sich auch, dass Lernen aus der Zusammenarbeit verschiedener Individuen mit unterschiedlichen Erfahrungen resultiert (Engeström, 1994, S. 11 f, S. 37 ff).

Lernen wird heute nicht mehr nur als eine stete Kumulation des Wissens von der Unwissenheit hin zum Expertentum charakterisiert. Wenn Menschen miteinander arbeiten, so lernen sie. Befinden sich Lehrlinge im Unternehmen, so beeinflusst das unweigerlich auch das Umfeld und regt es zum (Mit)lernen an. Lernen hat einen expansiven Charakter und zieht seine Kreise um alle beteiligten Subjekte (Fuller & Unwin, 2003, S. 43 f). Ohne Wechselverhältnis zwischen Menschen, ohne Kommunikation und Kooperation, findet kein Lernen statt (Döge, 1991, S. 230).

Schließlich vermutet eine Untersuchung, dass Jugendliche gegenüber der Erwachsenengeneration in Bezug auf technisches Wissen sogar eine Avantgardeposition einnehmen. Die Verhältnisse zwischen den beiden Generationen hätten sich in diesen Bereichen bereits umgekehrt (Richard & Krüger, 1998, S. 160).

2.5.4 Zukünftige Entwicklungen

Für die künftige Entwicklung der Berufsbildung werden folgende Forderungen genannt (Gruber, 2004, S. 22):

- Kooperative d. h. gemeinsame Planung der Ausbildung
- Situationsorientierung statt Fächerorientierung
- Gliederung des Unterrichts nicht nach Fächern sondern „Lernproblemen"
- Schnell abrufbares „Zugriffswissen" statt Faktenwissen
- Teilnehmer/innenzentrierung statt Lehrer/innenzentrierung
- Projekt- statt Frontalunterricht
- Intrinsisch, selbstmotiviertes Lernen statt extrinsisch motiviertes Lernen
- Förderung des Erfahrungslernens
- Noch bessere Verbindung zwischen Theorie und Praxis

Weiters wird die steigende Bedeutung flexiblen Lernens für die Berufsbildung der Wissensgesellschaft im 21. Jahrhundert betont. Als Beispiele dafür werden E-Learning, handlungsorientiertes Lernen und informelles Lernen genannt (Esser, 2007, S. 145).

„Hypothesen sind Netze - nur der wird fangen, der auswirft.“

Novalis

3 Hypothesen und Forschungsfragen

3.1 Erkenntnisinteresse

Mit Hilfe von episodischen Interviews mit Ausbildern/Ausbilderinnen und den jeweiligen Lehrlingen sowie einem Online-Brainstorming wird überprüft, ob und wie häufig Lehrlingsausbilder/innen von ihren jungen Schützlingen lernen. Entsprechend dem Thema der Untersuchung liegt der Fokus auf den Lernfeldern, die dabei identifiziert werden können. Weiters wird untersucht, wie Lehrlinge ihr Wissen weitergeben und damit neues Wissen im Unternehmen erzeugen. Schließlich interessiert auch, wie das Lernen von den Lehrlingen in das System der Berufsausbildung eingebettet ist und welche Kompetenzstufen die Ausbilder/innen letztendlich erreichen.

3.2 Ausgangshypothesen

Zu Beginn der Forschung werden folgende Ausgangshypothesen formuliert:

- **Lernen von den Lehrlingen findet statt.** Angesichts der im Theorieteil dargestellten Ausführungen zum Thema Lernen und der veränderten Rollen im Zeitablauf wäre es schwer vorstellbar, wenn Ausbilder/innen nicht von ihren Lehrlingen lernen würden. In den Interviews wird genau darauf geachtet, wie sich Ausbilder/innen und Lehrlinge diesbezüglich positionieren.

- **Die Lernfelder stammen aus den Bereichen Technik, neue Medien, Fremdsprachen, Kommunikation, Lebenseinstellung und Persönlichkeit.** Auch hierzu fanden sich im Theorieteil bereits Hinweise auf Themen, bei denen die Jugendlichen die Nase vorne haben. Die Auswertung der Interviews wird zeigen, ob diese Anhaltspunkte bestätigt werden können oder nicht.

- **Die Lehrlinge tragen zur Erzeugung neuen Wissens überwiegend mittels Externalisierung bei.** Bei der Externalisierung wird implizites Wissen in explizites Wissen z. B. durch Niederschreiben oder Artikulation umgewandelt und dadurch außerhalb des Individuums neu erzeugt. Der Autor vermutet, dass dies die häufigste Form der Wissensgenerierung von Lehrlingen im Unternehmen darstellt.

- **Lernen von den Lehrlingen erfolgt ungeplant und unsystematisch.** Lernen von den Lehrlingen erfolgt anlassbezogen und spontan. Es gibt keinen speziellen Lehrplan oder eine Systematik für den Rollentausch. Lernen erfolgt weitgehend auf einer informellen Ebene.

- **Die Ausbilder/innen erreichen die Kompetenzstufe „Novice".** Dieser Hypothese liegt die Vermutung zugrunde, dass Lernen von den Lehrlingen zeitlich nicht so ausgedehnt möglich ist, wie es zur Erreichung höherer Kompetenzstufen notwendig wäre. Hierzu müssten die Lehrlinge die Ausbilder/innen regelmäßig unterweisen, um einen langfristigen Lernerfolg zu garantieren.

3.3 Forschungssubfragen

Die Frage „Was lernen Ausbilder/innen von ihren Lehrlingen am Arbeitsplatz im Rahmen der dualen Berufsausbildung?" wird durch folgende Subfragen präzisiert:

- Was geben Ausbilder/innen an, von ihren Lehrlingen zu lernen?
- Was geben Lehrlinge an, ihren Ausbildern/Ausbilderinnen zu lehren?
- Mit welcher Häufigkeit findet Lernen von den Lehrlingen statt?
- Wie tragen Lehrlinge zur Erzeugung von neuem Wissen bei?
- Wie ist Lernen von den Lehrlingen in der Lehrlingsausbildung verankert?
- Welche Kompetenzstufen erreichen die Ausbilder/innen?

„Die Kunst des Interviews besteht darin, Fragen zu stellen, die beantwortet werden können."

Robert Lembke

4 Untersuchungsdesign

4.1 Sampleauswahl

Um die Forschungsfragen beantworten zu können, wurde das Sample auf Interviews mit Ausbildungskräften und dazugehörigen Lehrlingen sowie die Ergebnisse eines Online-Brainstormings beschränkt. Alle befragten Personen sind mit dem System der dualen Berufsausbildung vertraut und zum Zeitpunkt der Untersuchung selbst aktiv darin involviert. Das grundlegende demografische Merkmal ist demnach „in der Lehrlingsausbildung aktiv" zu sein. Um die Untersuchung auch mit einer Außensicht anzureichern, wurden die Resultate eines Online-Brainstormings ausgewertet und mit in das Buch aufgenommen (Flick, 2011, S. 155 ff).

Die weitere Zusammensetzung des Samples orientiert sich an der schrittweisen Festlegung der Samplestruktur wie von Glaser und Strauss beschrieben. Die Auswahl der Personen erfolgt dabei nach dem potentiellen Beitrag zur Beantwortung der Forschungsfrage. So wird darauf geachtet, dass unterschiedliche Organisationen und Lehrberufe vertreten sind. Ebenso richtet sich die Anzahl der Interviews nicht nach Maßstäben der Repräsentanz sondern danach, ob die Forschungsergebnisse davon profitieren. In einem bestimmten Maß war für die Festlegung des Samples auch die Verfügbarkeit der Interviewpartner/innen ausschlaggebend (ebd., S. 158 - 161, 166).

Der hier untersuchte Fall umfasst Interviews mit acht Ausbildern/Ausbilderinnen und neun Lehrmädchen/burschen sowie 29 Beiträge eines Online-Brainstormings. Die Befragten stammen aus unterschiedlichen Branchen und Organisationen mit unterschiedlicher Größe sowie Rechtsform. Die Ausbilder/innen weisen überwiegend eine mehrjährige Erfahrung in der Lehrlingsausbildung auf. Die Jugendlichen sind zwischen

15 und 20 Jahre alt und befinden sich in unterschiedlichen Lehrjahren. Eine Ausbilderin bildet zum Zeitpunkt der Befragung zwei Lehrlinge aus, weshalb hier zwei Gespräche geführt werden. Die folgende Tabelle gibt einen groben Überblick über das Sample des in dieser Studie untersuchten Falls:

Tabelle 1: Struktur des Samples

Interview-Tandem	Branche	Rechtsform	Ausbilder/in	Lehrmädchen/bursch
01/A 01/L	Aus- und Weiterbildungs-einrichtung	Gemeinnütziger Verein	♀ ~ 40 Jahre	♀ - Bürokauffrau Ende 2. Lehrjahr
02/A 02/L	Elektrotechnologie	Aktiengesellschaft	♂ ~ 35 Jahre	♂ - IT-Techniker Ende 3½ Lehrjahr
03/A 03/L	Forschungs- und Bil-dungseinrichtung	Körperschaft öffentlichen Rechts	♀ ~ 35 Jahre	♀ - Buchhalterin Ende 2. Lehrjahr
04/A 04/L	Möbel Einzelhandel/ Einrichtungshaus	Stiftung/offene Handelsgesellschaft	♂ ~ 25 Jahre	♂ - Einzelhandelskaufmann Ende 1. Lehrjahr
05/A 05/L	Möbel Einzelhandel/ Einrichtungshaus	Stiftung/offene Handelsgesellschaft	♀ ~ 45 Jahre	♂ - Einzelhandelskaufmann Ende 3. Lehrjahr
06/A 06/L	Holzindustrie	Gesellschaft mit beschränkter Haftung	♂ ~ 45 Jahre	♂ - Kraftfahrzeugtechniker Ende 4. Lehrjahr
07/A 07/L1 07/L2	Forschungs- und Bil-dungseinrichtung	Körperschaft öffentlichen Rechts	♀ ~ 40 Jahre	♀ - Bürokauffrau Ende 3. Lehrjahr ♂ - Bürokaufmann Anfang 1. Lehrjahr
08/A 08/L	IT-Systeme, Computer-handel	Einzelunternehmen	♂ ~ 35 Jahre	♂ - IT-Techniker Ende 2. Lehrjahr
09/O	Online-Brainstorming	-	-	-

4.2 Durchführung der Interviews

Für die vorliegende Untersuchung wurden im Zeitraum Juni bis Juli 2012 insgesamt 17 episodische Interviews geführt. Die Gespräche fanden vor Ort bei den jeweiligen Organisationen statt. Es wurden Tandems, d. h. Ausbilder/in plus Lehrmädchen/bursch befragt. Die Gesprächsdauer betrug durchschnittlich 30 Minuten, wobei die Interviews mit den Ausbildungskräften im Vergleich zu den Jugendlichen etwas länger dauerten. Die Interviewpartner/innen wurden darüber informiert, dass die Gespräche anonymisiert im Rahmen einer Studie Verwendung finden und sie nacheinander befragt werden. Bezüglich des Inhalts erfuhren sie im Vorfeld lediglich, dass das Thema „Lernen am Arbeitsplatz im Rahmen der dualen Berufsausbildung" ist.

Als Erhebungsinstrument wurde das episodische Interview nach Flick gewählt. Diese Befragungsart verknüpft die Offenheit eines narrativen Interviews mit der klaren Struktur einer Leitfadenbefragung. So können die Personen innerhalb der gewählten Situation sehr frei erzählen, der/die Interviewer/in behält aber die Oberhand über den Verlauf des Gesprächs, in dem mit Hilfe von Leit- und Aufrechterhaltungsfragen die Aufmerksamkeit auf forschungsrelevante Aspekte gelenkt wird. Ziel ist es dabei episodisches und semantisches Wissen zu erfragen. Episodisches Wissen ist mit der konkreten Situation und den persönlichen Erfahrungen der interviewten Personen verbunden. Semantisches Wissen ergibt sich durch die Abstraktion der beschriebenen Situation und den daraus herausgebildeten Zusammenhängen und Begrifflichkeiten (Flick, 2011, S. 244, 238 f).

Kennzeichnend für das episodische Interview ist, dass die Gesprächspartner/innen wiederholt aufgefordert werden, sich an eine konkrete Situation zu erinnern. Der Hinweis darauf erfolgt jeweils bereits zu Interviewbeginn. Im Verlauf des Gesprächs wird so lange nachgefragt, bis alle Situationen, an die man sich erinnern kann, ausgeschöpft sind. Schwierigkeiten können dabei auftreten, indem manche Personen die Situationen zwar benennen, aber nicht beschreiben. Letzteres ist jedoch notwendig, um tiefer gehende Informationen zu erhalten. Hier ist der/die Interviewer/in gefordert, die befragte Person durch gezieltes Nachfragen ins Erzählen zu bringen und so auch Details ans Licht zu befördern (ebd., S. 240 - 244).

4.2.1 Probeinterview

Vor der eigentlichen Interviewreihe wurde ein Probeinterview mit einer Ausbilderin und einem Lehrling im Lehrberuf Lebensmitteleinzelhandel durchgeführt. Ziel war es, die Leitfäden auf Verständnis, Vollständigkeit, Gliederung sowie Länge zu überprüfen und gegebenenfalls anzupassen. Gleichzeitig konnte das Führen von Interviews sowie die technische Handhabung des Aufnahmegerätes geübt werden.

Das Feedback sowohl der Ausbilderin als auch des Lehrburschen in Bezug auf den Interviewleitfaden war positiv. Die Fragen wurden als angemessen und verständlich erachtet. Die Ausbilderin hätte sich im Vorfeld mehr Informationen gewünscht, um sich besser auf das Interview vorbereiten zu können. Der Autor entschied sich aber gegen detaillierte Vorinformationen, um möglichst spontane Aussagen zu erhalten und eine Absprache zwischen den befragten Personen zu vermeiden. Der Lehrbub hatte keine Beanstandungen. Die drei Leitfragen samt Unterfragen konnten unverändert bleiben.

Vom Ablauf her stellte sich die Technik im Probeinterview als mangelhaft heraus. Die Aufnahmedauer war auf nur 30 Minuten beschränkt. So wurde für die restlichen Interviews ein modernes digitales Diktiergerät mit ausreichend Aufnahmekapazität verwendet.

Weiters zeigte sich, dass es Sinn macht, möglichst früh den Aufnahmeknopf zu drücken, um die Interviewpartner/innen an die ungewohnte Interviewsituation zu gewöhnen. Das Diktiergerät gelangt so rascher in Vergessenheit, was zu einer entspannten Atmosphäre beiträgt und das Gespräch leichter vonstattengehen lässt.

Der größte Lerneffekt fand in Bezug auf die Interviewführung statt. Die beiden Testpersonen brauchten relativ viel Zeit zum Erinnern an eine konkrete Situation. Erst durch mehrmaliges Nachfragen nach einer Phase des „Warmredens" wurden konkrete Beispiele genannt. Der/die Interviewer/in muss also lernen geduldig zu sein, sich zurückzunehmen und Sprechpausen auszuhalten. Mit diesen wertvollen Erkenntnissen und neuer Technik ausgestattet, wurden die Interviews geführt.

4.2.2 Interviewleitfaden für Ausbilder/innen

„In diesem Interview werde ich Sie immer wieder bitten, sich an konkrete Situationen zu erinnern."

Einstiegsfragen:

„In welchem Lehrberuf haben Sie aktuell einen Lehrling?"

„Wie lange sind Sie bereits Ausbilder/in?"

„Was bedeutet Lehrlingsausbildung für Sie?"

1. Leitfrage/Erzählaufforderung:

„Können Sie mir bitte von einer Situation erzählen, in der Sie von Ihrem Lehrmädchen/burschen etwas gelernt haben?"

Inhaltlicher Aspekt	Aufrechterhaltungsfragen	Nachfragen
- Verschiedene Orte - Unterschiedliche Zeiträume - Nicht mehr weiter wissen - Überforderung - Positive/negative Aussagen - Keine konkrete Situation erinnerlich - Sehr viele Situationen erinnerlich (wo anfangen?)	- Was können Sie mir sonst noch erzählen? - Und weiter? - Können Sie das noch genauer beschreiben? - Können Sie sich an weitere Situationen erinnern? - Wenn das noch nie der Fall war, in welcher Situation wäre das am ehesten vorstellbar? - Wenn Sie nichts lernen, darf ich Sie nach Ihrem Rollenverständnis fragen?	- Was genau haben Sie in dieser Situation gelernt? - Ist diese Situation zufällig eingetreten oder wurde sie im Vorfeld geplant? - Gibt es in Ihrem Betrieb eine Systematik zum Lernen vom Lehrmädchen/burschen? - Wenn das häufiger der Fall war, wie oft pro Monat lernen Sie etwas von Ihrem Lehrmädchen/burschen? - Welche Rolle haben Sie als Ausbilder/in?

2. Leitfrage/Erzählaufforderung:

„Wenn Sie an das denken, was Sie von Ihrem Lehrmädchen/burschen gelernt haben, welche Dinge waren das konkret?"

Inhaltlicher Aspekt	Aufrechterhaltungsfragen	Nachfragen
- Technische Belange - Neue Medien - Umgang mit Mitmenschen - Kommunikation - Fremdsprachen - Lebenseinstellung (Humor, Gelassenheit, Spaß, ...) - Kommunikation	- Was haben Sie noch gelernt? - Und weiter? - Ist noch etwas wichtig? - Was können Sie mir sonst noch erzählen?	- In welchen Bereichen konnten Sie besonders viel lernen? - Gibt es einen roten Faden durch Ihre Lernfelder? - Können Sie bestimmte Themenkreise nennen?

3. Leitfrage/Erzählaufforderung:

„Um welche Art von Wissen sind Sie durch diese Lernerlebnisse mit Ihrem Lehrmädchen/burschen reicher geworden?"

Inhaltlicher Aspekt	Aufrechterhaltungsfragen	Nachfragen
- Informationen - Wissen - Können - Anwendungswissen - Kompetenz - Expertise	- Können Sie mir die Art und Weise beschreiben, wie sie dieses Wissen für sich nutzen? - Wie würden Sie es einem kleinen Kind beschreiben? - Was möchten Sie noch ergänzen?	- Gibt es Unterschiede in der Verwertbarkeit dieses Wissens? (privat/beruflich) - Ist dieses Wissen für Sie von nachhaltigem Nutzen?

4.2.3 Interviewleitfaden für Lehrlinge

„In diesem Interview werde ich dich immer wieder bitten, dich an konkrete Situationen zu erinnern."

Einstiegsfragen:

„Welchen Lehrberuf erlernst du?"

„Wie lange befindest du dich bereits in Ausbildung?"

„Warum hast du dich für diesen Lehrberuf entschieden?"

1. Leitfrage/Erzählaufforderung:

„Kannst du mir bitte von einer Situation erzählen, in der dein/deine Ausbilder/in etwas von dir gelernt hat?"

Inhaltlicher Aspekt	Aufrechterhaltungsfragen	Nachfragen
- Verschiedene Orte - Unterschiedliche Zeiträume - Nicht mehr weiter wissen - Überforderung - Positive/negative Aussagen - Keine konkrete Situation erinnerlich - Sehr viele Situationen erinnerlich (wo anfangen?)	- Was kannst du mir sonst noch erzählen? - Und weiter? - Kannst du das noch genauer beschreiben? - Kannst du dich an weitere Situationen erinnern? - Wenn das noch nie der Fall war, in welcher Situation wäre das am ehesten vorstellbar? - Wenn das unmöglich erscheint, woran liegt das deiner Meinung nach?	- Was genau hast du in dieser Situation gelehrt? - Ist diese Situation zufällig eingetreten oder wurde sie im Vorfeld geplant? - Gibt es in deinem Betrieb eine Systematik zum Lernen vom Lehrmädchen/burschen? - Wenn das häufiger der Fall war, wie oft pro Monat lernt dein/e Ausbilder/in von dir? - Welche Rolle hast du als Lehrmädchen/bursche?

2.   Leitfrage/Erzählaufforderung:

„Wenn du an das denkst, was du deinem/deiner Ausbilder/in gelernt hast, welche Dinge waren das konkret?"

Inhaltlicher Aspekt	Aufrechterhaltungsfragen	Nachfragen
- Technische Belange - Neue Medien - Umgang mit Mitmenschen - Kommunikation - Fremdsprachen - Lebenseinstellung (Humor, Gelassenheit, Spaß, ...) - Kommunikation	- Was hast du noch gelehrt? - Und weiter? - Ist noch etwas wichtig? - Was kannst du mir sonst noch erzählen?	- In welchen Bereichen konntest du besonders viel lehren? - Gibt es einen roten Faden durch die Bereiche, die du deinem/deiner Ausbilder/in beigebracht hast? - Kannst du bestimmte Themenkreise nennen?

3.   Leitfrage/Erzählaufforderung:

„Um welche Art von Wissen ist dein/deine Ausbilder/in durch diese Lernerlebnisse mit dir reicher geworden?"

Inhaltlicher Aspekt	Aufrechterhaltungsfragen	Nachfragen
- Informationen - Wissen - Können - Anwendungswissen - Kompetenz - Expertise	- Kannst du mir die Art und Weise beschreiben, wie dein/deine Ausbilder/in dieses Wissen für sich nutzen kann? - Wie würdest du es deinen Freunden beschreiben? - Was möchtest du noch ergänzen?	- Gibt es Unterschiede in der Verwertbarkeit dieses Wissens? (privat/beruflich) - Ist dieses Wissen für deinen/deine Ausbilder/in von nachhaltigem Nutzen?

4.3 Transkription

Die Transkription bezeichnet die Übertragung von gesprochener Sprache (z. B. Interviews, Diskussionen, Telefonate, …) in eine schriftliche Form. In der vorliegenden Untersuchung wurden die Interviews digital aufgezeichnet und wortwörtlich transkribiert. Diese Verschriftlichung ist die notwendige Grundlage für die Auswertung und Interpretation des empirischen Materials (Mayring, 2002, S. 89 f).

Da eine automatisierte Transkription der digitalen Daten mittels computerunterstützter Spracherkennung auf den ersten Blick zwar verlockend erscheint, aufgrund der aufwendigen manuellen Nachkorrektur aber keine wesentliche Zeitersparnis bringt, wurden die Interviews manuell transkribiert. Dies ermöglicht in weiterer Folge auch eine wirksamere Analyse der Befragungsergebnisse, weil die Gespräche bereits durch die Transkription intensiv durchgearbeitet werden müssen und nochmals nacherlebt werden können (Dresing, Pehl & Lombardo, 2008, S. 11 f).

Die Transkriptionsregeln orientieren sich an den Empfehlungen von Bohnsack gemäß TiQ „Talk in Qualitative Social Research" (Bohnsack, 2010, S. 236).

Alle Zeilen der Gespräche wurden einzeln nummeriert, um das spätere Auffinden und Zitieren zu erleichtern. Weiters wurden alle sprachlichen Äußerungen um den Dialekt bereinigt und anonymisiert. Da das Forschungsinteresse den inhaltlichen Informationen gilt, wurden Aspekte wie Intonation, Wortdehnungen und Überlappungen nicht transkribiert. Die Transkriptionsregeln wurden somit vereinfacht und auf jenes Maß angepasst, welches mit einem vertretbaren Transkriptionsaufwand eine sinnvolle Beantwortung der Forschungsfrage zulässt (Flick, 2011, S. 379 f).

Unmittelbar nach jedem Gespräch wurde ein Protokoll über das Interview angefertigt, um Rahmenbedingungen und Kontext des Interviews zu dokumentieren. Mit Hilfe dieser Interviewprotokolle können Informationen wie Datum, Uhrzeit und Ort ebenso reproduziert werden wie schwierige Gesprächspassagen, die Interviewatmosphäre oder die Motivation der Teilnehmer/innen. Transkriptionen und Protokolle ermöglichen eine gute Rekonstruktion der Interviews und erlauben eine hinlängliche Beantwortung der Forschungsfragen (Kuckartz, 1995, S. 43 - 49).

4.4 Durchführung des Online-Brainstormings

Am 29. April 2012 wurde auf www.brainr.de ein Online-Brainstorming mit der Fragestellung „Was können Ausbilder/innen von ihren Azubis/Lehrlingen lernen?" initiiert. Das Brainstorming bleibt weiter aktiv und kann unter http://www.brainr.de/brainstorming/show/24583-was-koennen-ausbilderinnen-von-ihren-azubis-lehrlingen-lernen erreicht werden.

Mit Ende Juli 2012 waren 29 Beiträge der Online-Community vorhanden. Diese sind nachfolgend ungekürzt angeführt.

 # 1: Mit der neuesten Technik umzugehen

 # 2: Sie haben zumeist noch Illusionen und Ideale

 # 3: Die Bedienung von PC, Smartphone ...

 # 4: Die Erstellung eines Facebook-Profils

 # 5: Flexibilität (z. B. Job nicht direkt vor der Haustüre, lange Anfahrtszeiten mit öffentlichen Verkehrsmitteln, ...)

 # 6: Gute Laune, Humor bei der Arbeit

 # 7: Das Leben gelassener nehmen

 # 8: Anregungen bezüglich Styling

 # 9: Kritikfähigkeit

 # 10: Lehrlinge haben häufig gute Fremdsprachenkenntnisse

 # 11: Wissen über Partygetränke, Drinks ...

 # 12: Gesellschaftlichen Veränderungen offener zu begegnen

 # 13: Gelassenheit in stressigen Situationen wo Ausbilder/innen schon rot sehen und dem Burn-out nahestehen

 # 14: Die Meinung, dass die Jugendlichen nicht mehr lesen und schreiben können sollen, kann ich so nicht unterschreiben. Die Kunst des Lehrens muss der Lehrer vorweisen, nicht der Schüler. Der Schüler muss heute ernster genommen werden. Teamarbeit unter den Schülern fördert und fordert. Lehrer müssen auch für Erfolgserlebnisse sorgen und das Loben nicht unterschätzen.

 # 15: ... durch gleichzeitiges Bedienen von PC, Laptop und Smartphone sind sie extrem multitaskingfähig!!!

 # 16: Umgang mit modernen Kommunikationsmitteln

 # 17: Toleranz bezüglich Herkunft, Religionen, sexueller Orientierung, Körperschmuck, Kleidung etc.

 # 18: Vielseitigkeit - Jugendliche ziehen mehrere Möglichkeiten (z. B. Berufswunsch) in Betracht, halten sich weitere Wege offen

 # 19: Lernbereitschaft und Neugierde

 # 20: Offenheit und "jugendliche" Gelassenheit, Umgang mit modernen Technologien

 # 21: Bedienung des PC

 # 22: Lockerheit, nicht schwarzsehen

 # 23: Gebrauch intelligenter Suchanfragen, um im Web für sie selbst als interessant Benanntes zu finden

 # 24: Wie man ein Online-Diskussionsforum benutzt (Pseudo-Mail-Adresse, Profil einrichten, Orientierung, Umgang mit verschiedenen Arten Webteilnehmern), besonders für Ältere mit genügend Restschwung eine Bereicherung wenn sie ein Diskussionsforum ihres Interessensgebietes finden

 # 25: Ausbilder könnte mit den Lehrlingen eine unvollendete Sammelliste erstellen, wie die Lehrlinge neue Produkte vermarkten würden und die für sie hinterfragten ungewöhnlichen Methoden innerbetrieblich weiterleiten

 # 26: Wie man ein technisches oder Software-Fachforum findet

 # 27: Einrichten von Virenscannern

 # 28: Sich von Jugendlichen als Hausaufgabe zeigen lassen, wie man einen Barcodescanner auf dem Smartphone einrichtet und zehn gescannte Nummern in eine Datei auf einem Firmencomputer überträgt. Auf dieser Basis können Inventur-, Verkaufs- und Lagervorgänge erleichtert und automatisierten Abläufen zugänglich gemacht werden.

 # 29: Optimismus

Der Beweggrund, ein Online-Brainstorming durchzuführen, war, zusätzliche empirische Belege zur Forschungsfrage ergänzend zu den Interviews zu erhalten. Die Ergebnisse der Gespräche sollen damit angereichert und um eine Außensicht ergänzt werden. Vom Umfang der genannten Lernfelder her entsprechen die 29 Befragungen des Online-Brainstormings etwa einem Sechstel der auswertbaren Fundstellen aus den Interviews. Letztere stellen somit die primäre Quelle zur Beantwortung der Forschungsfragen dar.

4.5 Auswertung - Qualitative Inhaltsanalyse

Wie eingangs schon erwähnt, wird das transkribierte Material mittels qualitativer Inhaltsanalyse systematisch ausgewertet. Mayring unterscheidet dabei drei verschiedene Formen der Inhaltsanalyse:

Die **Zusammenfassung** hat einen materialreduzierenden Charakter und versucht über Abstraktion der Interviewdaten die Quintessenz der Aussagen herauszuarbeiten. Aus einzelnen Begriffen oder Sätzen werden induktiv Kategorien gebildet, denen ähnliche Begriffe oder Satzteile zu- bzw. untergeordnet werden. Das so entstandene Konzentrat gibt einen komprimierten Überblick, ist aber immer noch ein Abbild des ursprünglichen Materials (Mayring, 2008, S. 114 - 117).

Bei der **Explikation** hingegen werden interessante Fundstellen mit zusätzlicher Theorie angereichert und somit das Verständnis der Aussagen erweitert. Damit soll der Kontext der analysierten Textpassage näher ergründet werden (ebd., S. 117 f).

Schließlich existiert mit der **Strukturierung** ein theoriegeleitetes Analyseinstrument, mit dem das Material systematisch nach relevanten Aspekten durchleuchtet und bewertet werden kann. Den vorgegebenen Kategorien werden hierzu Ankerbeispiele aus dem Interviewmaterial zugeordnet, welche einen exemplarischen Charakter besitzen (ebd., S. 118 - 121).

Die vorliegende Untersuchung bedient sich der Zusammenfassung und der Strukturierung als Techniken der qualitativen Inhaltsanalyse. Mit Hilfe der Zusammenfassung werden die umfangreichen Aussagen der Interviewpartner/innen komprimiert und daraus Kategorien abgeleitet. Ziel ist es, die verschiedenen Lernfelder der Ausbilder/innen zu identifizieren. Die Strukturierung durchleuchtet das Interviewmaterial systematisch auf bestimmte interessante Aspekte, z. B. die Art der Wissensgenerierung durch die Lehrlinge oder die erreichten Kompetenzstufen der Ausbilder/innen. Während bei der Zusammenfassung die Kategorien erst im Zuge der Auswertung herausgebildet werden, sind diese bei der Strukturierung schon vorher festgelegt. Die folgende Tabelle gibt einen Überblick über die verwendete Auswertungsart je nach Forschungsfrage. Weiters sind die Quellen sowie die Hypothesen angeführt.

Tabelle 2: Überblick über die Auswertungsarten

Forschungsfrage/n	Art der Auswertung	Quelle/n	Hypothese
Was geben Ausbilder/innen an, von ihren Lehrlingen zu lernen? Was geben Lehrlinge an, ihren Ausbildern/Ausbilderinnen zu lehren?	Zusammenfassung	Interviews + Online - Brainstorming	Die Lernfelder stammen aus den Bereichen Technik, neue Medien, Fremdsprachen, Kommunikation, Lebenseinstellung und Persönlichkeit.
Findet Lernen von den Lehrlingen statt? Mit welcher Häufigkeit findet Lernen von den Lehrlingen statt?	Strukturierung (Skaliert)	Interviews	Lernen von den Lehrlingen findet statt.
Wie tragen Lehrlinge zur Erzeugung von neuem Wissen bei?	Strukturierung (Inhaltlich)	Interviews	Die Lehrlinge tragen zur Erzeugung neuen Wissens überwiegend mittels Externalisierung bei.
Wie ist Lernen von Lehrlingen in der Lehrlingsausbildung verankert?	Strukturierung (Inhaltlich)	Interviews	Lernen von den Lehrlingen erfolgt ungeplant und unsystematisch.
Welche Kompetenzstufen erreichen die Ausbilder/innen?	Strukturierung (Skaliert)	Interviews	Die Ausbilder/innen erreichen die Kompetenzstufe „Novice".

Zu Auswertungsbeginn wird die Größe der Analyseeinheiten abgegrenzt, um nicht beliebig viele Beispiele zu produzieren. So wird die Kodiereinheit, das ist der minimale Textteil, der ausgewertet wird, als Satzfragment definiert, das für sich selbst einen Sinn ergibt und mit der Studie in Zusammenhang steht. Die Kontexteinheit, welche als größtmöglicher Textbestandteil gilt, entspricht einem Gedankengang, dem Bogen der Ausführungen einer interviewten Person von Anfang bis zum Ende. Schließlich definieren wir das einzelne Gespräch als Auswertungseinheit. Jedes der 17 Interviews wird als separate Einheit betrachtet und ausgewertet (Mayring, 2008, S. 53 f).

4.5.1 Zusammenfassung

Die zusammenfassende Inhaltsanalyse reduziert das empirische Material an vier Punkten vom Speziellen hin zum Allgemeinen und folgt folgendem Schema (Mayring, 2008, S. 59 - 61):

1. Paraphrasierung: Nachdem die Analyseeinheiten bestimmt worden sind, werden die Transkripte der Interviews paraphrasiert. Hierzu wird das Textmaterial systematisch verdünnt, indem inhaltsleere Gesprächsteile und Füllwörter weggenommen werden.

2. Generalisierung: Die neu gewonnenen Paraphrasen werden sprachlich weiter verallgemeinert. Der Abstraktionsgrad des Ausgangsmaterials nimmt weiter zu.

3. Reduktion/Selektion: In diesem Schritt werden gleiche oder ähnliche generalisierte Paraphrasen entweder gestrichen oder zu einer neuen Kategorie zusammengefasst. Entscheidend hierbei ist jeweils die Relevanz der betroffenen Paraphrasen für die Beantwortung der Forschungsfrage bzw. zur Veranschaulichung der Theorie.

4. Vergleich/Rücküberprüfung: Schließlich müssen die durch Reduktion/Selektion entstandenen Kategorien mit dem Ausgangsmaterial verglichen werden. Dabei wird überprüft, ob die aus dem Forschungsmaterial hervorgegangenen Kategorien die ursprünglichen Aussagen noch genügend repräsentieren.

Für die zusammenfassende Inhaltsanalyse werden die Interviews und das Online-Brainstorming in Hinblick auf die spiegelbildlichen Forschungsfragen „Was geben Ausbilder/innen an, von ihren Lehrlingen zu lernen?" und „Was geben Lehrlinge an, ihren Ausbildern/Ausbilderinnen zu lehren?" durchgearbeitet und zutreffende Fundstellen den Schritten der Paraphrasierung, Generalisierung, Reduktion/Selektion unterworfen. Dies resultiert in induktiv entstandene Kategorien. Die dabei angewandten Interpretationsregeln können bei Mayring nachgelesen werden (ebd., S 62). Die folgende Tabelle gibt einen auszugsweisen Überblick über das Auswertungsprozedere der zusammenfassenden Inhaltsanalyse.

Forschungsfragen: „Was geben Ausbilder/innen an, von ihren Lehrlingen zu lernen?"

„Was geben Lehrlinge an, ihren Ausbildern/Ausbilderinnen zu lehren?"

Tabelle 3: Beispiel der zusammenfassenden Inhaltsanalyse

Interview	Zeile	1. Paraphrase	2. Generalisierung	3. Reduktion & Selektion (Lernfelder)
01/L	61 - 62	Ich bin jung und sie ist alt...	Umgang mit Altersunterschieden	Umgang mit Unterschiedlichkeiten
02/A	110 - 112	Servertechnik [...] hat vermittelt wie das funktioniert...	Vermittlung von Servertechnik	Hardwarekenntnisse, Computertechnik
02/A	65 - 66	Habe gelernt lockerer auf das Ganze hinzusehen	Lockerheit lernen	Lockerheit & Gelassenheit
02/L	24 - 25	Hab' den Slang im Internet beigebracht...	Chatausdrücke im Internet	Internettechnologie
03/A	166 - 169	Vortrag über Buddhismus, sind gescheiter worden, nicht alles gewusst	Wissen über Buddhismus	Vermittlung von Allgemeinwissen
04/A	39 - 40	Dass man Sachen anders sehen kann, wie die Richtlinien [...] vorgeben	Andere Sichtweisen	Sichtweise von Dingen
06/L	183 - 184	Wie man etwas kopiert, hinüberkopiert...	Kopieren von Dateien	Softwarekenntnisse
07/A	136	Neinsagen ist oft ein ganz wesentlicher Punkt...	Nein zu sagen	Sonstige Soft Skills
07/A	220	Kommunikationsmittel, ein neues Telefon...	Kommunikationsmittel	Kenntnis moderner Technik
08/A	283 - 285	Kinder nicht in eine Richtung drängen, wenn es nicht geht...	Jugendliche nicht drängen	Lernen für die Lehrlingsausbildung
09/O	# 7	Das Leben gelassener nehmen...	Gelassener leben	Lockerheit & Gelassenheit
...	...		...	...

4.5.2 Strukturierung

Ziel der strukturierenden Inhaltsanalyse ist es, Ähnlichkeiten zwischen den Interviews herauszufiltern und ein gemeinsames Gefüge zu erkennen. Im Unterschied zur zusammenfassenden Inhaltsanalyse wird das Kategoriensystem nicht im Zuge der Analyse entwickelt, sondern bereits im Vorfeld festgelegt und auf das Untersuchungsmaterial angewandt. Die relevanten Kategorien werden aus der zugrundeliegenden Theorie und aus der Forschungsfrage abgeleitet. Um die Zuordnung von Fundstellen aus den Interviews zu erleichtern, wird pro Kategorie ein markantes Ankerbeispiel ausgewählt. Dieses ist besonders aussagekräftig und repräsentiert die gewählte Kategorie in anschaulicher Art und Weise (Mayring, 2008, S. 82 f).

Bezüglich der Form wird die formale, skalierende, typisierende und inhaltliche Strukturierung unterschieden. Die **skalierende Strukturierung** macht Abstufungen über das Ausmaß von bestimmten Phänomenen mittels einer Ordinalskala sichtbar. So werden die Fragen „Findet Lernen von den Lehrlingen statt?", „Mit welcher Häufigkeit findet Lernen von den Lehrlingen statt?" und „Welche Kompetenzstufen erreichen die Ausbilder/innen?" mit Hilfe einer skalierenden Strukturierung beantwortet. Bei der **inhaltlichen Strukturierung** wird das Material auf für die Forschungsfrage interessante Themen untersucht. Hier war es die Beantwortung der Fragen „Wie tragen Lehrlinge zur Erzeugung von neuem Wissen bei?" und „Wie ist Lernen von Lehrlingen in der Lehrlingsausbildung verankert?". Die anderen beiden Formen, nämlich die formale und typisierende Skalierung, werden in dieser Studie nicht verwendet. Nähere Ausführungen über diese Auswertungsarten finden sich bei Mayring (ebd., S. 85).

Die folgenden Aufstellungen verdeutlichen exemplarisch eine skalierende und eine inhaltliche Strukturierung. In der Praxis wurden diese Auswertungen auf einem separaten Tabellenblatt durchgeführt. Tabelle 4 verdeutlicht, wie mit Hilfe der vorgegebenen Ausprägungen und dem Ankerbeispiel die Interviews auf zutreffende Fundstellen durchsucht werden. Tabelle 5 zeigt, wie das Kategoriensystem auf der Theorie, z. B. der Wissensspirale, basiert. Die Interviewdaten werden dann auf Übereinstimmung mit diesen Kategorien überprüft (ebd., 89, 92 - 95).

Forschungsfrage: „Mit welcher Häufigkeit findet Lernen von den Lehrlingen statt?"

Tabelle 4: Beispiel der strukturierten, skalierten Inhaltsanalyse

Ausprägungen	Ankerbeispiel	Interview	Zeile
Ständig/sehr häufig	*Ich glaub, lernen tut man immer voneinander...*	**07/A**	192
Häufig	*Da gibt es eigentlich viele Situationen.*	**02/A**	47
Weniger häufig/selten	*Eher selten!*	**08/L**	180
Nicht entscheidbar/ambivalent	*Das kann man nicht sagen.*	**06/A**	163

Forschungsfrage: „Wie tragen Lehrlinge zur Erzeugung von neuem Wissen bei?"

Tabelle 5: Beispiel der strukturierten, inhaltlichen Inhaltsanalyse

Interview	Zeile	Kategoriensystem	Beschreibung der Kategorie	Ankerbeispiel
03/A	44	**Sozialisation**	Vormachen, Nachmachen	*Zeig' mir, wie kann ich das von da dahin tun?*
03/L	135	**Externalisierung mündlich**	Erzählen, Erklären, Vortragen, ...	*Hab' ich ihr einen Vortrag gehalten in der Abteilung...*
01/A	154 - 155	**Externalisierung schriftlich**	Niederschreiben, Konzepte, Modelle, ...	*Also beide müssen sie Tagebuch führen [...] und Monatsberichte schreiben.*
04/L	40 - 41	**Kombination**	Neu ordnen, verarbeiten, Perspektive verändern	*Ich hab' die Kaufhilfen genommen und ihm erklärt, ja.*
01/A	207 - 208	**Internalisierung**	Learning by Doing, Verinnerlichung, ...	*Es ist immer so ein gegenseitiges Befruchten.*
07/L1	93	**Restkategorie**	Nicht zuordenbare/nicht eindeutige Aussagen	*Dass sie dann nachfragt, wenn es ihr quasi einfällt.*
...	...	...	...	...

5   Darstellung der Forschungsergebnisse

Aufgrund der Fülle des empirischen Materials können nicht alle Aussagen der Interviews und Beiträge des Online-Brainstormings in die Ergebnisdarstellung der qualitativen Inhaltsanalyse einfließen. So werden die Ergebnisse zusammengefasst und jeweils mit wörtlichen Zitaten, welche das Ausgangsmaterial gut repräsentieren, illustriert. Die Zitate stehen in „Anführungszeichen“, die Angaben (01/A, 133 - 134) bezeichnen das betroffene Interview und die zitierten Zeilen im Transkript bzw. den jeweiligen Beitrag des Online-Brainstormings (vergleiche Tabelle 1). Die Darstellung der Ergebnisse ist deskriptiv. Schlussfolgerungen in Bezug auf die Forschungsfragen und -hypothesen erfolgen im darauf folgenden Abschnitt.

5.1   Lernfelder der Ausbilder/innen

Zur Beantwortung der spiegelbildlichen Forschungssubfragen „Was geben Ausbilder/innen an, von ihren Lehrlingen zu lernen?“ und „Was geben Lehrlinge an, ihren Ausbildern/Ausbilderinnen zu lehren?“ werden den interviewten Personen in den episodischen Interviews entsprechende Erzählangebote gemacht. Die Reduktion der Interviewaussagen und des Online-Brainstormings im Zuge der zusammenfassenden Inhaltsanalyse bringt 16 Kategorien hervor. Diese Kategorien entsprechen den Lernfeldern der Ausbilder/innen, welche in Abbildung 15 veranschaulicht sind.

1. **Allgemeine Computerkenntnisse:** Den Lehrmädchen und -burschen werden in den Interviews gute Computerkenntnisse attestiert. Aussagen wie „Computermäßig sind sie meiner Generation ein Stück voraus“ (06/A, 286 - 287) oder „alles was technisch, computertechnisch anbelangt“ (07/A, 219 - 220) sind repräsentative Zitate für dieses Lernfeld.

2. **Softwarekenntnisse:** Hierbei handelt es sich um Detailwissen zu gebräuchlichen Anwendungsprogrammen wie dem Dateimanager oder den Microsoft-Office-Programmen: „Mit den Tabellen und auch mit den Farben und Formen" (03/L, 32 - 33). Im Brainstorming werden etwa spezielle Kenntnisse über Virenscanner, „Einrichten eines Virenscanners" (09/O, # 27), genannt.

3. **Hardwarekenntnisse, Computertechnik:** Dieses Lernfeld betrifft die hardwaretechnische Kompetenz der Jugendlichen im Bereich von Digitalkameras, Druckern, Festplatten und Webtelefonen. „Wenn er heut' von der Kamera was auf den Computer hinüber gibt" (06/L, 175 - 176) ist ein Ankerbeispiel für diese Kategorie.

4. **Internettechnologie:** Der Umgang mit dem Internet wird sowohl in den Interviews als auch im Brainstorming häufig als Lernfeld genannt. Der Bogen spannt sich hierbei von der Recherche im Internet „intelligente Suchanfragen im Web" (09/O, # 23) über „die Erstellung eines Facebook-Profils" (09/O, # 4) bis hin zu „ein Email schreiben oder ein Email schicken" (06/L, 181 - 182).

5. **Kenntnis moderner Technik:** Diese Kategorie beinhaltet keine Computer, sondern moderne technologische Errungenschaften wie Handys und Smartphones. Es finden sich allgemeine Aussagen wie „Umgang mit modernen Kommunikationsmitteln" (09/O, # 16), „technische Sachen" (07/L2, 82) oder „von der Technik her überhaupt" (08/L, 240). Aber auch über Spezialwissen wie zum Beispiel „einen Barcodescanner auf einem Smartphone einrichten" (09/O, # 28) oder „Strom messen" (06/A, 240 - 241) wird berichtet.

6. **Vermittlung von Allgemeinwissen:** Hier sind Lernfelder zusammengefasst, die zu einer Verbreiterung des Allgemeinwissens führen. Im Online-Brainstorming werden etwa „Anregungen bezüglich Styling" (09/O, # 8) und „Wissen über Partygetränke, Drinks…" (09/O, # 11) genannt. Eine Ausbilderin lernt z. B. aus einem Vortrag „über den Buddhismus" (03/A, 166), ein Ausbilder z. B. bekommt „richtige[s] Sitzen erklärt" (08/A, 126).

7. **Wissen durch (Berufs-)Schulbesuch**: Als ein ergiebiges Lernfeld entpuppt sich das Wissen der Lehrlinge aus der Pflicht- und/oder Berufsschule. Mehrere Ausbilder/innen geben an, dass sie davon etwas lernen können. „Die neuesten Sachen bringen sie sicher von der Berufsschule her mit" (06/A, 101), „der Schulstoff oft, dass ich da was lerne oft und auch Englisch-Vokabeln zum Beispiel" (03/A, 219 - 220) und „[Lehrling] ist sehr gut im Rechnungswesen" (01/A, 48 - 49) verdeutlichen diese Kategorie.

8. **Arbeitsrelevantes Wissen**: Unter dieser Überschrift ist unmittelbar für die Arbeit verwertbares Wissen subsumiert. Häufig kennen die Lehrlinge aufgrund ihrer Ausbildung bestimmte Dinge besser oder sind auf dem neuesten Stand. Beispielhaft sind „Und da erfahre ich [...] inhaltlich von der Firma etwas" (01/A, 158 - 159) oder „Dadurch, dass ich schon überall war, kann ich auch jetzt den anderen, die schon länger da sind, das erklären" (03/L, 85 - 86).

9. **Lernen für die Lehrlingsausbildung**: Dazu holen sich die Ausbilder/innen von ihren Lehrlingen zum Teil gezielt Tipps „ja in letzter Zeit fragt sie mich relativ oft quasi wie man das fördern kann die Ausbildung vom nächsten Lehrling" (07/L1, 67 - 68) oder binden die Jugendlichen aktiv in Projekte wie zum Beispiel der „Reorganisation der [Firmenname]-Professional-Education" (02/A, 50) ein. Erkenntnisse im Umgang mit den Lehrlingen „er [der Lehrbub] braucht eine gewisse Stetigkeit und eine gewisse Konsequenz" (07/A, 110 - 111) sowie die passende Wortwahl „nicht fachlich im Fachjargon, weil sonst versteht sie gar nichts mehr" (03/A, 129 - 130) runden diese Kategorie ab.

10. **Als Mensch profitieren**: Diese Kategorie umfasst Äußerungen, die auf ein Lernen aufgrund des Wesens der Lehrlinge schließen lassen. „Wollte einen Lehrling, weil sie einfach meinen Arbeitstag bereichert" (01/A, 250 - 251), „ich für mich profitiere einfach von ihr als Mensch" (01/A, 74) oder „man lernt viele neue Charaktere kennen" (08/A, 43) unterstreichen dies.

11. **Sichtweise von Dingen**: Die Ausbilder/innen betonen die spezielle Sicht der Dinge der Lehrlinge. „Die Betriebsblindheit [ist] ganz einfach noch nicht da" (04/A, 38), „hat einen guten Blick [...], so einen Hausverstand" (01/A, 49 - 50) und „eine andere Sichtweise der Dinge, Zugang" (01/A, 138). Das Brainstorming ergibt, Lehrlinge „haben meist noch Illusionen und Ideale" (09/O, # 2).

12. **Herangehensweise an Dinge**: Eine Ausbilderin hat durch ihr Lehrmädchen „Aha-Erlebnisse, ah, so kann man das genauso machen" (01/A, 144 - 145) und findet die Art und Weise „wie sie Dinge angeht [...] sehr spannend" (01/A, 85). Einem Ausbilder beispielsweise kommen durch den Lehrbursch „ganz andere Ideen, auf die man selber gar nicht mehr kommt" (02/A, 57 - 58).

13. **Lockerheit & Gelassenheit**: „Gelassenheit in Stresssituationen, wo Ausbilder/innen schon rot sehen und dem Burn-out nahe sind" (09/O, # 13) ist einer von vielen Beiträgen, welcher dieses Lernfeld anschaulich illustriert. Weitere Aussagen sind „gute Laune, Humor bei der Arbeit" (09/O, # 6) oder auch „was man glaub' ich schon mitkriegt, ist eine gewisse Demut und eine gewisse Gelassenheit, dass man nicht alles richten kann" (08/A, 203 - 204).

14. **Motivation & Begeisterung**: Lehrlinge sind Lernquellen, weil sie beispielsweise „Lernbereitschaft und Neugierde" (09/O, # 19) haben oder „sehr enthusiastisch und aufgeweckt [die] Dinge (04/A, 125) angehen. Damit sind sie „für die Mitarbeiter, für die Älteren, [...] ein Motivationsfaktor" (03/A, 273 - 274). Auch ihre „jugendliche Frische" (02/A, 86 - 87) wird positiv erwähnt.

15. **Umgang mit Unterschiedlichkeiten**: Auch den Umgang mit Unterschieden lernen Ausbilder/innen von ihren Schützlingen. Sei es bei Konflikten „wenn man Probleme ansprechen möchte, wie man das anspricht" (04/A, 172) oder altersbedingten Unterschieden zwischen Ausbilder/innen und Lehrlingen „ich bin jung und sie ist eher alt" (01/L, 62). Das Brainstorming verweist etwa auf Toleranz „bezüglich Herkunft, Religion, sexueller Orientierung, Körperschmuck, Kleidung, etc." (09/O, # 17) als weiteren Lernimpuls.

16. Sonstige Soft Skills: Ausbilder/innen erweitern ihre Soft Skills in dem sie „Geduld haben" (03/A, 121) lernen und „nicht immer zu allem ja und Amen sagen" (07/A, 118). Andere profitieren von der „Hilfsbereitschaft" (07/L1, 135) der Lehrlinge oder „im sozialen [...], zwischenmenschlichen [...] oder emotionalen Bereich" (08/A, 41 - 42). Die Online-Community gibt etwa die „Flexibilität" (09/O, # 5) und die Multitaskingfähigkeit der Lehrlinge „durch gleichzeitiges Bedienen von PC, Laptop und Smartphone" (09/O, # 15) an.

Allgemeine Computer-kenntnisse 1	Software-kenntnisse 2	Hardware-kenntnisse, Computer-technik 3	Internet-technologie 4
Kenntnis moderner Technik 5	Vermittlung von Allgemein-wissen 6	Wissen durch (Berufs-) Schulbesuch 7	Arbeits-relevantes Wissen 8
Lernen für die Lehrlings-ausbildung 9	Als Mensch profitieren 10	Sichtweise von Dingen 11	Herangehens-weise an Dinge 12
Lockerheit & Gelassenheit 13	Motivation & Begeisterung 14	Umgang mit Unterschied-lichkeiten 15	Sonstige Soft Skills 16

Abbildung 15: Lernfelder der Ausbilder/innen (eigene Darstellung)

5.2 Findet Lernen von den Lehrlingen statt? Mit welcher Häufigkeit?

Alle befragten Ausbilder/innen können sich zumindest an ein Lernerlebnis von ihren Lehrlingen erinnern. Der überwiegende Teil der befragten Personen nennt mehrere Situationen, in denen sie etwas von den Lehrlingen gelernt haben. Während von den Ausbildungskräften im Schnitt 12,3 Lernanlässe angegeben werden, liegt dieser Wert bei den Jugendlichen bei 4,6. Die meisten Nennungen stammen aus den Interviews 01/A, 02/A, 03/A und 08/A. Weniger Angaben kommen aus den Gesprächen 05/A, 07/L2 und 04/L, wo sich jeweils 1 - 2 Lernanlässe aus den Gesprächen ableiten lassen.

In Bezug auf die Häufigkeit geht beispielweise aus den Phrasen „das ist etwas Kontinuierliches" (01/A, 181 - 182) oder „lernen tut man immer voneinander" (07/A, 192) ein ständiges bzw. sehr häufiges Lernen hervor. Recht häufiges Lernen attestiert etwa ein Gesprächspartner mit der Aussage, „passiert wirklich oft" (02/L, 144). Ein anderer Lehrbursche ist dagegen der Überzeugung, dass sein Ausbilder „eher selten" (08/L, 180) etwas von ihm lernt. Viele Äußerungen sind so wie die folgende nicht eindeutig zuordenbar: „Teilweise öfter hintereinander […] dann wirklich jede Woche […] dann nach einem Monat […] also total unregelmäßig" (07/L1, 115 - 117).

5.3 Wie tragen Lehrlinge zur Erzeugung von neuem Wissen bei?

In den untersuchten Fällen ist die Externalisierung die häufigste Form der Wissenserzeugung und trifft auf beinahe die Hälfte der berichteten Lernerlebnisse zu. Die mündliche Externalisierung tritt auf, wenn die Lehrlinge ihr Wissen verbal explizit machen, etwa wie „kann ich auch jetzt den anderen […] das erklären" (03/L, 85 - 86) oder auch „hab' ich ihr einen Vortrag gehalten in der Abteilung und […] erzählt" (03/L, 135). Beispiele für die schriftliche Externalisierung, das ist die Anfertigung von Aufzeichnungen über das Wissen der Lehrlinge, sind: „Da haben wir Ausbildungsunterlagen dazu geschaffen" (02/A, 157) oder „solche Sachen werden im [Fahrzeug-]Buch hinten hineingeschrieben (06/A, 132).

Die Sozialisation, also das Lernen über Vormachen und Nachmachen bzw. Üben, ist klassisch für den Bereich der Lehrlingsausbildung. Die Ergebnisse zeigen, dass auch Ausbilder/innen auf diese Art und Weise von ihren Lehrmädchen/burschen lernen. „Sie hat sich halt nicht ausgekannt und da hab' ich ihr gleich gezeigt wie das geht und so" (05/L, 58 - 59), „Zeig' mir, wie kann ich das von da dahin tun?" (03/A, 44) und „Das kann er selber. Das hab' ich ihm schon ein paar Mal gezeigt" (06/L, 211) verdeutlichen diese Form der Wissensgenerierung durch die Lehrlinge.

Hinweise auf die Kombination von bestehendem expliziten Wissen finden sich bei mehreren der untersuchten Interview-Tandems. So pflegen drei Betriebe mit ihren Lehrlingen regelmäßig einen Diskurs, z. B. in Form eines „Erfahrungsaustausch[s]" (03/A, 240) oder auch einer hitzigen Diskussion „am Anfang war es so eine kleine eher Streitdiskussion" (02/L, 85). Bei zwei Tandems findet auch über das Erlernte in der Berufsschule ein Austausch statt, „kommt von der Berufsschule und nachher reden wir auch darüber" (06/A, 112 - 114) oder der Schulstoff wird abgeprüft „ich frage sie den Stoff ab, dann lern' ich auch etwas dazu" (03/A, 75 - 76). Schließlich zieht ein Unternehmen auch die internen Unterlagen heran, um neues Wissen zu generieren „ich hab' die Kaufhilfen genommen und ihm erklärt" (04/L, 40 - 41).

Die Kategorie Internalisierung ist vom Learning by Doing im Berufsalltag geprägt: „Und da tun wir gegenseitig immer […], da lernen wir uns gegenseitig etwas" (03/A, 83 - 84) und „es sind halt viele kleinere Dinge, die so entwickelt worden sind" (08/A, 181). Ein weiteres anschauliches Beispiel, wie Wissen der Lehrlinge weiterentwickelt und verinnerlicht wird, ist: „Das ist immer so ein gegenseitiges Befruchten" (01/A, 145 - 146). Für die Internalisierung finden sich in Summe acht Fundstellen. Weitere acht Beschreibungen sind nicht eindeutig und wurden folglich der Restkategorie zugeordnet.

5.4 Wie ist Lernen von Lehrlingen in der Lehrlingsausbildung verankert?

Lernen von den Lehrlingen erfolgt auf die unterschiedlichste Art und Weise. So findet „Lernen durch Lehren" (siehe 1.2.2) „der [andere Lehrling] kann einmal zu dir kommen und du zeigst ihm das" (03/A, 191 - 192) ebenso statt, wie „mitarbeitergeleitetes Lehren und Lernen" (siehe 1.2.1). Letzteres ist eng mit dem Konzept des Generationenlernens verwandt, welches, wie erwähnt, genauer differenziert werden kann (siehe 1.2.5): Für die erste Kategorie des Generationenlernens, dem „Voneinander-Lernen", ist die Aussage, „die wissen jeden Schmäh die Jungen, wirklich" (03/A, 45 - 46), passend. „Miteinander-Lernen" wird durch „weil wir alle davon profitieren und lernen können [...] auch das Wissen gemeinsam nutzen" (02/A, 202 - 205) veranschaulicht. Als Ankerbeispiel für die letzte Kategorie, dem „Übereinander-Lernen", dient „zwischenmenschlich [...] ist ganz viel, das ich da gelernt habe" (07/A, 94 - 98).

Auf die Frage, ob es ein System oder ähnliches für das Lernen von den Lehrlingen im Betrieb gibt, nennen über die Hälfte der Interviewpartner/innen ein fixes Programm oder vergleichbare Aktivitäten. In vier Ausbildungsbetrieben werden die Lehrlinge gezielt aufgefordert, ihr Wissen weiterzugeben: „bilde sie heute Vormittag aus, zeig' ihr das" (03/A, 63 - 64). Diese steuern die Lernanlässe aktiv, „ganz ehrlich gesagt, forciere ich das" (02/A, 47 - 48), und haben Lernen von den Lehrlingen fix in der Lehrlingsausbildung verankert. Bei den Methoden, die Lerneffekte auslösen, ist der Vortrag als Lernimpuls recht verbreitet: „Jeder [muss] mehrmals im Jahr einen Vortrag halten" (08/A, 148 - 149), aber auch Aktivitäten wie Projekte, Schulungen, Fragestündchen und Feste werden als Lernquellen genannt.

In den übrigen Fällen ist keine Systematik zum Lernen vom den Lehrlingen vorhanden. Hier wird das von den Lehrlingen induzierte Lernen dem Zufall überlassen: „Geplant war es nicht" (07/L2, 46), „das kommt aus heiterem Himmel" (07/A, 143 - 144) und „das war eher zufällig" (08/L, 92) sind beispielhafte Nennungen aus der Empirie.

5.5 Welche Kompetenzstufen erreichen die Ausbilder/innen?

Der Großteil der Ausbilder/innen ist in Bezug auf die erlernten Kompetenzen zu etwa gleichen Teilen den Stufen „Novice", „Advanced Beginner" und „Competent" zuordenbar. Es zeigt sich, dass die Stufen „Proficient" und „Expert" sehr selten herausgebildet werden. Nur eine Fundstelle lässt darauf schließen, dass der Ausbilder selbst zum Experten des von den Lehrlingen vermittelten Wissens geworden ist: „Er ist der, der es den anderen […] beibringt" (02/L, 110). Insgesamt acht Äußerungen gibt es hingegen für die Kompetenzstufen „Novice" und „Advanced Beginner", zum Beispiel „das nimmt sie eigentlich öfter her" (01/L, 111) oder „das kann er selber, das hab' ich ihm schon ein paar Mal gezeigt" (06/L, 211). Ebenso viele Belege existieren für den Bereich „Competent": „Nein, das kann man schon nachhaltig verwenden. Eintagsfliege ist das nicht" (03/A, 260 - 261).

6 Interpretation und Beantwortung der Forschungsfrage

Wie unter „Stand der Forschung" (siehe 1.2) angeführt, liegen zur Forschungsfrage „Was Ausbilder/innen von ihren Lehrlingen am Arbeitsplatz im Rahmen der dualen Berufsausbildung lernen" keine vergleichbaren Forschungsergebnisse vor. Insgesamt darf die Anzahl an wissenschaftlichen Untersuchungen zum Lehrlingswesen als spärlich bezeichnet werden. Dies liegt vermutlich daran, dass Wissenschaftler/innen selbst keine Lehre sondern eine akademische Ausbildung durchlaufen haben und diesbezüglich einen blinden Fleck haben. In Ermangelung bisher stattgefundener Untersuchungen erfolgt die Interpretation der Ergebnisse somit ausschließlich in Hinblick auf die Forschungsfrage, die Ausgangshypothesen und der im Theorieteil erwähnten Konzepte.

6.1 Lernfelder der Ausbilder/innen

Die Forschungsfrage „Was lernen Ausbilder/innen von ihren Lehrlingen am Arbeitsplatz im Rahmen der dualen Berufsausbildung?" findet ihre Beantwortung in den 16 Lernfeldern, welche unter 5.1 bzw. in Abbildung 15 dargestellt sind.

Bei der genaueren Betrachtung der Lernfelder fällt auf, dass die Felder eins bis fünf allesamt dem Bereich „Technik" zuzuordnen sind. Knapp ein Drittel der Lernfelder stammen also aus einem miteinander verwandten Themenkreis. In den untersuchten Fällen werden die Jugendlichen demnach im Umgang mit (Computer-)Technik als besonders kompetent erlebt. Dieses Ergebnis erscheint wenig verwunderlich, wenn man sich die hohe technische Durchdringung des Alltags vor Augen führt: Kaum ein Beruf kommt heute ohne Computer aus, kaum ein Kind, das nicht ein Mobiltelefon sein Eigen nennt. Bereits Kleinkinder werden mit Unterhaltungselektronik konfrontiert und erlernen spielerisch deren Bedienung. Auch die Vermittlung von Computerkenntnissen an

die Lehrlingsausbildung", die in der Hypothese ebenso keine Berücksichtigung findet. Schließlich werden die Lernfelder zehn bis sechzehn in den Interviews deutlich genauer herausgearbeitet, als sie mit „Lebenseinstellung" und „Persönlichkeit" zum Ausdruck gebracht werden können.

6.2 Findet Lernen von den Lehrlingen statt? Mit welcher Häufigkeit?

Die Frage, „Findet Lernen von den Lehrlingen statt?" und die dazugehörige Hypothese können eindeutig bejaht werden, die Deutlichkeit ist jedoch überraschend. Es bestand die Annahme, dass diese Art zu Lernen von den Ausbildungskräften vereinzelt als „nicht mit der Rolle vereinbar" angesehen werden würde. Scheinbar hat sich das Rollenbild der Ausbilder/innen mittlerweile so gewandelt, dass es nicht mehr länger problematisch ist, von den Lehrlingen zu lernen.

Ein Blick auf das Durchschnittsalter der befragten Ausbilder/innen zeigt, dass dieses mit knapp 40 Jahren recht ausgeglichen ist. Es wird vermutet, dass deutlich jüngere bzw. deutlich ältere Ausbilder/innen sich mit diesem neuen Rollenverständnis schwer tun: Jüngere Ausbilder/innen könnten dadurch rasch als inkompetent bzw. als der Ausbildung nicht gewachsen gelten, ältere Ausbilder/innen müssten ihr Wissen als nicht mehr auf dem neuesten Stand deklarieren.

Auf die Frage nach der Häufigkeit haben die Befragten zum Teil Schwierigkeiten genaue Angaben zu machen. Viele Äußerungen sind ambivalent und daher nicht eindeutig zuordenbar. Rückblickend scheint die Frage nach der Häufigkeit nicht verlässlich beantwortbar zu sein. Wie unter 2.2 dargestellt, können sich Menschen und Organisationen dem Lernen nicht entziehen. Lernen zwischen Ausbildern/Ausbilderinnen und Lehrlingen findet immer statt (Willke, 2007, S. 48). Diese Tatsache ist vermutlich der Grund, warum sich die Befragten mit genauen Angaben bezüglich der Häufigkeit schwer tun. Lernen von den Lehrlingen findet statt, über die Häufigkeit lassen sich aber keine sinnvollen Angaben machen.

6.3 Wie tragen Lehrlinge zur Erzeugung von neuem Wissen bei?

Die Wissensspirale nach Nonaka & Takeuchi (siehe 2.2.4) beschreibt die vier Modi der Wissenserzeugung in Unternehmen. Die Ergebnisse zeigen, dass Lehrlinge neues Wissen überwiegend in Form von „Externalisierung" generieren. Die hierzu aufgestellte Hypothese kann somit verifiziert werden. Lehrlinge machen ihr „stilles" Wissen explizit, indem sie es ihren Ausbildungskräften mündlich mitteilen, niederschreiben und in die Ausbildungsprogramme einfließen lassen.

Warum im Vergleich zu den anderen Arten der Wissenserzeugung gerade diese Form so dominiert, bleibt jedoch unklar. Eventuell ist es leichter, sich an gesagte oder verschriftlichte Dinge zu erinnern, als an nonverbales Vorzeigen (Sozialisation) oder gar an stillschweigende, wiederkehrende Handlungen (Internalisierung). Eventuell liegt durch die Erhebung der Daten mittels episodischer Interviews aber auch eine Verzerrung zugunsten der Externalisierung vor. Es ist gut vorstellbar, dass andere Formen der Datenerhebung, z. B. Videoaufzeichnungen oder Lerntagebücher andere Modi der Wissensgenerierung ans Licht bringen. Das Konzept einer sich drehenden Wissensspirale mit einer steten Abfolge von „Sozialisation", „Externalisierung", „Kombination" und „Internalisierung" legt die Vermutung nahe, dass am Arbeitsplatz jede der vier Formen eigentlich ausgeglichen in Erscheinung treten müsste.

6.4 Wie ist Lernen von Lehrlingen in der Lehrlingsausbildung verankert?

Die Hypothese im Vorfeld der empirischen Untersuchungen lautet: „Lernen von den Lehrlingen erfolgt ungeplant und unsystematisch". Dieser Behauptung kann in Hinblick auf die Ergebnisse nur bedingt zugestimmt werden. In etwas über der Hälfte der Fälle gibt es ein System zum Lernen von den Lehrlingen oder es werden spezielle Aktivitäten gesetzt, um an das Wissen der Lehrlinge zu kommen.

Dieses doch recht überraschende Ergebnis belegt, dass die Ausbildungsbetriebe reflektierter und systematischer vorgehen als vermutet. Möglicherweise ist es Ausdruck der neuen Lern-/Lehrmethoden wie unter 2.5.3 beschrieben, welche Lernen vermehrt als eine Interaktion zwischen allen daran beteiligten Subjekten begreifen.

Da die Frage nach einem eigenen Programm im Betrieb zum Lernen von den Lehrlingen in den Interviews ganz ausdrücklich gestellt wurde, wäre es aber auch denkbar, dass sich manche Interviewpartner/innen zu Aussagen hinreisen haben lassen, die nicht der realen Ausbildungspraxis entsprechen. Vielleicht soll so das Aufdecken von Schwachstellen in der eigenen Lehrlingsausbildung vermieden werden und das Gesicht nach außen gewahrt bleiben.

Aber selbst in jenen Unternehmen, die kein eigenes Programm zum Lernen von den Lehrlingen haben, ist positiv zu werten, dass die zufällig eintretenden Lernanlässe nicht abgewürgt, sondern zugelassen werden. Diese Prozesse folgen somit der Logik des Erwachsenenlernens (Andragogik) im Alltag, wie unter 1.1.1 angeführt. So wäre es wünschenswert, wenn auch in diesen Betrieben die Lernenden als Lehrende künftig noch mehr in den Mittelpunkt rücken und ihr Potential entsprechend genutzt wird.

6.5 Welche Kompetenzstufen erreichen die Ausbilder/innen?

Während unsere Hypothese in Hinblick auf die Wissenstreppe (siehe 2.2.2) lediglich vom Erreichen der Kompetenzstufe „Novice" ausgegangen ist, hat hier besonders der relativ hohe Anteil an Ausbildungskräften, welche dem Kompetenzniveau „Competent" zugeordnet werden können, überrascht. So muss trotz einiger unentscheidbarer Fälle und der sehr schwachen Ausprägung der Stufen „Proficient" und „Expert" von einer verhältnismäßig hohen Nachhaltigkeit des vermittelten Wissens gesprochen werden. Die Ausgangshypothese kann damit nur zum Teil bestätigt werden.

Der hohe Anteil an Systematiken für das Lernen von den Lehrlingen spricht dafür, dass Ausbilder/innen bessere Möglichkeiten haben, ihr Wissen auf lange Sicht zu vertiefen als ursprünglich angenommen. Eine regelmäßige Übung/Kontrolle des vermittelten Wissens ist nämlich gemäß der Theorie (siehe 2.2.2) notwendig, um auch höhere Kompetenzstufen wie „Competent", „Proficient" und „Expert" zu erreichen. Es wird daher vermutet, dass ein ursächlicher Zusammenhang zwischen dem Kompetenzniveau, welches Ausbilder/innen erreichen und dem Vorhandensein einer Systematik zum Lernen von Lehrlingen, besteht.

6.6 Schlusshypothesen

Anknüpfend an die vorangegangene Interpretation der Untersuchungsergebnisse lassen sich in Bezug auf die Forschungsfrage „Was lernen Ausbilder/innen von ihren Lehrlingen am Arbeitsplatz im Rahmen der dualen Berufsausbildung?" folgende abschließende Hypothesen formulieren. Sie sind die Basis für weitere Forschungen.

- **Wenn unterschiedliche Branchen untersucht werden, dann variieren auch die Lernfelder der Ausbilder/innen dementsprechend.** Wie bereits erwähnt ist anzunehmen, dass beispielsweise im Gastgewerbe Fremdsprachen einen höheren Stellenwert haben als etwa im handwerklichen Bereich. Je nach untersuchter Branche dürften die Lernfelder also leicht variieren.

- **Je älter die Ausbilder/innen sind, desto geringer ist die Bereitschaft von den Lehrlingen zu lernen.** Möglicherweise sind sehr erfahrene Ausbilder/innen, die sich unter Umständen kurz vor dem Ruhestand befinden, der Idee etwas von den Lehrlingen zu lernen gegenüber weniger aufgeschlossen, als die vergleichsweise jungen Befragten im untersuchten Fall.

- **Wenn Wissen in Organisationen neu generiert wird, sind alle vier Modi der Wissenserzeugung gleichmäßig vertreten.** Die theoretischen Ausführungen zur Wissensspirale und seine Konzeption als stetiger Konvertierungsprozess legen nahe, dass es in Summe gesehen keine dominierende Form der Wissenserzeugung gibt. Durch die Wahl eines entsprechend großen Samples sowie geeigneter Erhebungsmethoden wäre es spannend diese Behauptung zu überprüfen.

- **Der aktuelle Wandel des Rollenverständnisses der Ausbilder/innen und Lehrlinge begünstigt die Möglichkeit des Lernens von den Jugendlichen.** Es ist denkbar, dass der Anteil der Betriebe, die gezielt Programme zum Lernen von den Lehrmädchen/burschen einrichten, künftig weiter wächst. Eine Untersuchung sollte in diesem Zusammenhang besonders auf die Bedeutung des zugrunde liegenden Rollenverständnisses eingehen.

- **Ist eine Systematik zum Lernen von den Lehrlingen vorhanden, so erreichen die Ausbilder/innen höhere Kompetenzniveaus in Bezug auf das von den Lehrlingen vermittelte Wissen.** Aller Voraussicht nach hat der Grad der Verankerung des Lernens von den Lehrlingen in den Betrieben einen entscheidenden Einfluss auf das Ausmaß an Expertise, welches die Ausbilder/innen erreichen können. Gezielt herbeigeführte, regelmäßige Lernanlässe erhöhen den Transfer hin zu den Ausbildungskräften und fördern die Einübung und Verankerung des jugendlichen Wissens.

7 Abschluss

7.1 Zusammenfassung

Die Forschungsfrage „Was lernen Ausbilder/innen von ihren Lehrlingen am Arbeitsplatz im Rahmen der dualen Berufsausbildung?" wurde empirisch mittels 17 episodischer Interviews von Ausbildern/Ausbilderinnen und Lehrlingen sowie einem Online-Brainstorming erhoben und die Ergebnisse anschließend einer qualitativen zusammenfassenden und strukturierenden Inhaltsanalyse unterworfen.

Für die untersuchten Fälle kann zweifelsfrei festgestellt werden, dass Ausbilder/innen von ihren Lehrlingen lernen. Die Häufigkeit lässt sich jedoch nicht genau quantifizieren, weil letztlich davon ausgegangen werden muss, dass sich dem Lernen niemand entziehen kann und somit ständig gelernt wird. Weiters wurden 16 Lernfelder der Ausbilder/innen identifiziert, welche sich grob in die Kategorien Technik, Allgemein- und Fachwissen, Lehrlingsausbildung, Persönlichkeit der Lehrlinge, Herangehens- und Sichtweise der Dinge sowie soziale Kompetenzen zusammenfassen lassen.

Bezüglich der Art der Wissenserzeugung durch die Lehrlinge finden sich in der Praxis gemäß der Wissensspirale alle vier Modi, nämlich die Sozialisation, Externalisierung, Internalisierung und Kombination. Innerhalb der untersuchten Fälle gibt es aber eine sehr starke Tendenz hin zur Externalisierung in mündlicher oder schriftlicher Form.

Das Lernen von Lehrlingen läuft in den Betrieben strukturierter ab als erwartet. Viele Interviewpartner/innen berichten von Systematiken und speziellen Impulsen, welche Ausbilder/innen veranlassen, gezielt von den Lehrlingen zu lernen. Die Untersuchung der Kompetenzstufen der Ausbildungskräfte zeigt, dass diese nachhaltig lernen und mitunter fortgeschrittene Niveaus in der Anwendung des Wissens erreichen.

7.2 Schlussbetrachtung und kritische Reflexion

Im Hinblick auf die Forschungsergebnisse überrascht die große Bandbreite an Lern-möglichkeiten, welche Lehrlinge ihrem Umfeld bieten. Diese Vielfalt war zu Beginn der Untersuchung nicht absehbar. Ebenso verblüfft, in welch hohem Maß Ausbildungs-betriebe geplant vorgehen, um von ihren jungen Schützlingen zu lernen. Wenn fast jede zweite Ausbildungskraft in den Befragungen Instrumente zum Lernen von den Lehrli-gen benennen kann, dann wurden die Lehrbetriebe in diesem Punkt deutlich unter-schätzt. Dieses Ergebnis gibt Anlass zur Freude. Es ist sehr positiv, wenn Lehrmädchen/burschen als Lernquelle ernst genommen werden und ihr Wissen in den Betrieben Verwendung findet.

Dieser Umstand liefert womöglich auch die Erklärung, warum Konflikte zwischen den Generationen in den Interviews nicht ausdrücklich thematisiert wurden. Die theoreti-schen Ausführungen hierzu (siehe 2.4) sollten Erklärungen für allfällige kritische Äuße-rungen der Interviewpartner/innen liefern. In den untersuchten Fällen scheint die Beziehung der Ausbilder/innen und Lehrlinge aber recht harmonisch zu sein. Es besteht der Eindruck, dass sich die Beteiligten auf Augenhöhe begegnen und sich gut in die andere Person hineinversetzen können. Dies mag ein möglicher Grund sein, warum keine gröberen Differenzen im Sinne eines Generationenkonflikts ausgemacht werden konnten.

Bezogen auf den Forschungsstand (siehe 1.2) weisen die Untersuchungsergebnisse Parallelen zum mitarbeitergeleiteten Lehren und Lernen, zum Lernen durch Lehren (LdL) und auch zum Generationenlernen auf. Dies wird insbesondere in der Art, wie Lernen vom Lehrling in der Lehrlingsausbildung verankert ist, deutlich. Für die Kon-zepte „soziales Lernen" und „Lernen vom Kind" konnten im Zuge der empirischen Analyse jedoch keine passenden Fundstellen entdeckt werden.

Der Forschungsverlauf war geradlinig, wenngleich die Durchführung der Interviews spannend und schwierig zugleich war. Spannend, weil die Frage nach dem Lernen von den Lehrlingen eine recht unkonventionelle Frage ist, und die befragten Ausbilder/innen und Lehrlinge in dieser Form noch nie damit konfrontiert worden waren. Die Reaktionen der Gesprächspartner/innen waren im Vorfeld nicht absehbar. Schwierig, weil die meisten Interviewpartner/innen aufgrund der speziellen Fragestellung sehr in sich gehen mussten, um sich überhaupt an passende Beispiele zu erinnern. Rückblickend darf die große Bereitschaft zur Teilnahme an den Interviews gelobt werden. Die Befragten sagten zu, ohne im Detail zu wissen, um was es geht. Darüber hinaus besteht der Eindruck, dass alle sich bemühten ehrliche Antworten zu geben.

Trotz des guten Verlaufs wäre zu überlegen, künftig für ähnlich unkonventionelle Fragestellungen eine andere Erhebungsmethode zu verwenden. Episodische Interviews leben davon, dass sich die Interviewpartner/innen sehr gut an eine Situation erinnern und diese möglichst detailliert beschreiben. Doch selbst wenn nach langem, intensivem Nachdenken eine Situation gefunden worden ist, bleiben die Schilderungen, aufgrund der zeitlichen Distanz zum Ereignis, oftmals vage und allgemein. Dies stellt generell eine Schwäche dieser Form der Datenerhebung dar (Flick, 2011, S. 244).

Als Alternative würde sich hier etwa der Einsatz von Lerntagebüchern anbieten, welche über einen längeren Zeitraum geführt werden. Die Ausbilder/innen verzeichnen darin zeitnah alle Lernerlebnisse mit ihren Lehrmädchen/burschen. Später werden diese Tagebücher ausgewertet und geben Auskunft über die persönlichen Lernerfahrungen der Ausbilder/innen (Hascher, 2011, S. 3). Diese Vorgehensweise mag für die Beteiligten zwar aufwendiger sein, die Situationen in denen etwas gelernt worden ist, wären aber nicht nur lückenlos erfasst, sondern könnten, mit dem Tagebuch als gedankliche Stütze, genauer rekonstruiert werden.

Ebenso wäre eine noch größere Bandbreite des Samples in Bezug auf die untersuchten Lehrberufe von Vorteil gewesen. So fehlen zum Beispiel das Gastgewerbe mit Berufen wie Koch/Köchin oder Restaurantfachmann/frau genauso wie Gesundheitsberufe, etwa Masseur/in oder Fitnessbetreuer/in. Wie bereits in den Schlusshypothesen (siehe 6.6) angedeutet, wird vermutet, dass Vertreter/innen weiterer Berufssparten zusätzliche Lernfelder ans Licht gebracht hätten.

Erst im Zuge der Auswertung wurde deutlich, dass für die Beantwortung der Frage „Wie tragen Lehrlinge zur Erzeugung von neuem Wissen bei?" die Interviewfragen sehr präzise gestellt werden müssen. So sind zwar viele eindeutig zuordenbare Äußerungen dabei, die Vielzahl an ambivalenten, nicht handfesten Kommentaren lässt aber trotzdem vermuten, dass die Fragen mitunter zu wenig in die Tiefe gegangen sind, um jene Eindeutigkeit zu erlangen, welche für die Auswertung erwünscht gewesen wäre. Um dies zu verbessern und die Fragen zu schärfen, wäre es sicher sinnvoll statt nur einem Probeinterview eine Reihe von Testgesprächen durchzuführen.

Das Thema „Ausbilder/innen lernen von ihren Lehrlingen" bleibt spannend. Die Interviews zeigen, dass Lehrlinge neben den oft angeführten geringen Personalkosten und der Sicherung des Fachkräftenachwuchses auch aus Sicht des Wissensmanagements ein Gewinn für Unternehmen sein können. Mit jedem Lehrmädchen/bursch kommt nicht nur eine junge Arbeitskraft, sondern auch neues Wissen in den Betrieb. Besteht dann die Bereitschaft der Ausbilder/innen sich von den Jugendlichen etwas zeigen zu lassen, wird das firmeninterne Wissen laufend verjüngt und auf den neuesten Stand gebracht. Eine Lehre birgt somit alle Voraussetzungen für ein gegenseitiges Befruchten: „Altes" Wissen der Ausbilder/innen geht nicht verloren, „neues" Wissen der Lehrlinge wird aufgenommen und im Betrieb integriert. Die Wissensbasis des Unternehmens verbreitert sich. Von dieser Win-win-Situation profitieren alle Beteiligten. Das lässt das Potential der Jugendlichen in einem neuen Licht erscheinen und relativiert das eingangs skizzierte düstere Bild über die schlechten Qualifikationen der Lehrstellenbewerber/innen. Allein aufgrund dieser Überlegungen tun Unternehmen gut daran, in die Lehrlingsausbildung zu investieren.

In der vorliegenden Studie werden Einzelfälle betrachtet, weshalb keine allgemein gültigen Aussagen gemacht werden können. Leider existieren keine weiteren Untersuchungen, um die Ergebnisse zu vergleichen. Die gewonnenen Erkenntnisse stehen weitestgehend für sich alleine. Hier wäre es sehr spannend zu überprüfen, zu welchen Resultaten eine Vergleichsstudie kommen würde.

7.3 Weiterführende Forschungsfragen

Im Zuge der Untersuchung haben sich neue Hypothesen (siehe 6.6) und Fragen ergeben, die Anknüpfungspunkte für weiterführende Untersuchungen an anderer Stelle sind.

Angesichts der recht klaren Herausbildung der Bereiche „Technik" und „soziale Kompetenzen" steht die Frage im Raum, warum die Jugend genau in diesen Lernfeldern als wichtige Wissensquelle gesehen wird. Welche Einflüsse haben dazu geführt? Welche Lernfelder werden in Zukunft dominieren?

Weiters wäre es interessant zu beforschen, welche Auswirkung die Möglichkeit Wissen an andere weiterzugeben, auf die Motivation der Lehrlinge hat. In den Interviews wurde an mehreren Stellen (z. B. 06/L, 129 - 133) deutlich, dass Lehrlinge dies als großes Erfolgserlebnis empfinden. Eine Behauptung könnte folglich lauten: „Lehrlinge sind umso motivierter, je häufiger sie ihr Wissen an Ausbilder/innen und Mitarbeiter/innen weitergeben können."

Genauso spannend wäre es der Frage nachzugehen, ob unter den hohen sozialen und technischen Kompetenzen traditionelle Qualifikationen wie Rechtschreibkenntnisse, Grundrechnungsarten leiden oder nicht. Eine mögliche Hypothese lautet, dass Lehrlinge Mankos bei traditionellen Qualifikationen mit technischem Know-how kompensieren.

Abgesehen vom Generationenkonflikt waren Aussagen über das Verhältnis zwischen Ausbildungskräften und ihren Lehrlingen nicht Bestandteil der empirischen Analyse. Hier wäre es schließlich interessant herauszufinden, ob es einen Zusammenhang zwischen der Bereitschaft zu Lernen und dem Verhältnis der beteiligten Personen gibt. „Findet Lernen umso eher statt, je besser die Beziehung zwischen den Beteiligten ist?"

Mögen diese und andere Fragen Anlass für weitere erkenntnisreiche Untersuchungen im Bereich der dualen Berufsausbildung sein!

8 Verzeichnisse

8.1 Abkürzungsverzeichnis

BAG	Berufsausbildungsgesetz
BFI	Berufsförderungsinstitut
BHS	Berufsbildende höhere Schulen
BMS	Berufsbildende mittlere Schulen
Bmwfj	Bundesministerium für Wirtschaft, Familie und Jugend
Dm	Drogeriemarkt
Hg.	Herausgeber/in
Ibw	Institut für Bildungsforschung der Wirtschaft
KJBG	Kinder und Jugendlichen Beschäftigungsgesetz
LAP	Lehrabschlussprüfung
LdL	Lernen durch Lehren
Red	Redakteur/in
WIFI	Wirtschaftsförderungsinstitut
WKO	Wirtschaftskammer Österreich

8.2 Abbildungsverzeichnis

8.3 Verzeichnis der Tabellen

8.4 Literaturverzeichnis

8.4.1 Bücher und Zeitschriften

Antz, Eva-Maria / Franz, Julia / Frieters, Norbert / Scheunpflug, Annette, (2009). Generationen lernen gemeinsam. Methoden für die intergenerationelle Bildungsarbeit. Bielefeld: Bertelsmann

BAG, Berufsausbildungsgesetz, (1969). §§ 1, 3, 9 und 10

Bmwfj, Bundesministerium für Wirtschaft, Familie und Jugend, (2009). Die Lehre - Duale Berufsausbildung in Österreich. Wien

Böhnisch, Lothar, (1998). Das Generationenproblem im Lichte der Biografisierung und der Relativierung der Lebensalter. In Jutta Ecarius (Hg.), Was will die jüngere mit der älteren Generation? (S. 67 - 79). Opladen: Leske + Budrich

Bohnsack, Ralf, (2010). Rekonstruktive Sozialforschung - Einführung in qualitative Methoden. Opladen & Farmington Hills: Barbara Budrich

Bullinger, Hans-Jörg / Buck, Susanne Liane / Buck, Hartmut, (2007). Entwicklungstrends in der Arbeit - Veränderung der Qualifikationsanforderungen. In Jens Prager & Clemens Wieland (Hg.), Duales Ausbildungssystem - quo vadis? Berufliche Bildung auf neuen Wegen (S. 40 - 54). Gütersloh: Bertelsmann

Crisand, Ekkehard / Rahn, Horst-Joachim, (2012). Psychologie der Auszubildenden. Mit jungen Menschen erfolgreich arbeiten. Hamburg: Windmühle

Döge, Klaus, (1991). Lehren und Lernen als Kategorien einer Didaktik der Berufsbildung. In Frank Achtenhagen, Duales System zwischen Tradition und Innovation (S. 225 - 238). Köln: Müller Botermann

Dornmayr, Helmut / Wieser, Regine, (2010). Bericht zur Situation der Jugendbeschäftigung und Lehrlingsausbildung in Österreich. Wien: Ibw

Dresing, Thorsten / Pehl, Thorsten / Lombardo, Claudia, (2008). Schnellere Transkription durch Spracherkennung? Forum Qualitative Sozialforschung, Volume 9, No. 2, Art. 17, Mai 2008

Dreyfus, Hubert / Dreyfus, Stuart, (1987). Mind over maschine. Künstliche Intelligenz. Reinbek: Rowohlt

Empson, Laura, (2001). Herausforderungen beim Wissensmanagement. Mastering: Strategie. Financial Times, S. 471 - 480

Engeström, Yrjö, (1994). Training for change. New approach to instruction and learning in working life. Geneva: International Labour Office

Esser, Friedrich, (2007). Berufsbildung in der Wissensgesellschaft - Anknüpfungspunkte für Reformen. In Jens Prager & Clemens Wieland (Hg.), Duales Ausbildungssystem - quo vadis? Berufliche Bildung auf neuen Wegen (S. 140 - 159). Gütersloh: Bertelsmann

Europäische Kommission, (1995). Weißbuch zur allgemeinen und beruflichen Bildung. Lehren und Lernen. Auf dem Weg zur kognitiven Gesellschaft.

Flick, Uwe, (2011). Qualitative Sozialforschung - Eine Einführung. Reinbek: Rowohlt

Fuller, Alison / Unwin, Lorna, (2003). Fostering Workplace Learning: looking through the lens of apprenticeship. European Educational Research Journal, Volume 2, Number 1, S. 41 - 55

Gruber, Elke / Ribolits, Erich, (1997). Duale Berufsausbildung - die Historie. In Erich Ribolits (Red.), Misere Lehre - Der Anfang vom Ende der Dualen Berufsausbildung (S. 18 - 37). Wien: Verein der Förderer der Schulhefte

Gruber, Elke, (2004). Berufsbildung in Österreich - Einblicke in einen bedeutenden Bildungssektor. In Regine Wieser (Hg.), Jugendliche zwischen Karriere und Misere. Die Lehrausbildung in Österreich, Innovation und Herausforderung (S. 17 - 38). Wien: ÖGB

Hackl, Wilfried / Friesenbichler, Bianca, (2011). Wie lernen Erwachsene? Neuere & bewährte Erkenntnisse zum Lehren und Lernen Erwachsener kurz zusammengefasst. Graz: EDUCON

Hillmann, Karl-Heinz, (2007). Wörterbuch der Soziologie. Stuttgart: Kröner

Ittel, Angela / Raufelder, Diana, (2009). Lehrerrolle - Schülerrolle. Wie Interaktion gelingen kann. Göttingen: Vandenhoeck & Ruprecht

Kade, Sylvia, (1997). Denken kann jeder selbst - Das Ethos selbstbestimmten Lernens. In Horst Siebert (Hg.), Pluralisierung des Lehrens und Lernens (S. 82 - 91). Bad Heilbrunn: Klinkhardt

Kelchner, Rudolf / Martin, Jean-Pol, (1998). Lernen durch Lehren. In Johannes Timm (Hg.), Englisch lernen und lehren (S. 211 - 219). Berlin: Cornelsen

Kuckartz, Udo, (1995). Einführung in die computergestützte Analyse qualitativer Daten. (3. Aufl.). Dresden: Verlag für Sozialwissenschaften

Lave, Jean / Wenger, Etienne, (1991). Situated learning - Legitimate peripheral participation. Cambridge: Cambridge University Press

Lawaczeck, Karin et al., (1986). Die Erziehung zum "guten" Lehrling. Betriebliche Fallstudien in ausgewählten Berufen. Zürich

Leidner, Michael, (2001). Wenn der Geselle den Lehrling ausbildet - Eine Analyse der pädagogischen Sinndeutungen und subjektiven Theorien nebenberuflicher Ausbilder im Bauhandwerk. Frankfurt am Main: Peter Lang

Liegle, Ludwig / Lüscher, Kurt, (2004). Das Konzept des "Generationenlernens". Zeitschrift für Pädagogik, Jahrgang 50, Heft 1, S. 38 - 55

Martin, Jean-Pol / Oebel, Guido, (2007). Lernen durch Lehren: Paradigmenwechsel in der Didaktik? Deutschunterricht in Japan, Heft 12, S. 4 - 21

Mayring, Philipp, (2002). Einführung in die qualitative Sozialforschung. 5. Auflage, Weinheim: Belz

Mayring, Philipp, (2008). Qualitative Inhaltsanalyse. Grundlagen und Techniken. 10. Auflage. Weinheim: Belz

Merton, Robert K., (1995). Soziologische Theorie und soziale Struktur. Berlin, New York: de Gruyter

Meyer, Hilbert, (1997). Schulpädagogik. Band I: Für Anfänger. Berlin: Cornelsen Scriptor

Mietzel, Gerd, (1998). Pädagogische Psychologie des Lernens und Lehrens. Göttingen: Hogrefe

Nonaka, Ikujiro / Takeuchi, Hirotaka, (1995). The knowledge-creating company. How Japanese companies create the dynamics of innovation. New York: Oxford University Press

North, Klaus, (2011). Wissensorientierte Unternehmensführung. Wertschöpfung durch Wissen. 5. Auflage. Wiesbaden: Gabler

Papert, Seymore, (1996). The connected family. Bridging the digital generation gap. Marietta: Taylor Trade

Patterson, Gerald, (1975). Soziales Lernen in der Familie. Psychologische Hilfen für Eltern und Kinder. München: Pfeiffer

Paulik, Helmut, (1988). Der Ausbilder im Unternehmen. Berufsbild, Prüfungsvorberei-
tung, pädagogisches Grundwissen. Landsberg am Lech: Moderne Industrie

Pichelmayer, Manfred / Pircher, Andreas, (2004). ABC der Lehrlingsausbildung. Wien:
Linde

Rathkolb, Gregor, (2006). Das aktuelle Berufsausbildungsrecht. Merching: Forum

Richard, Birgit / Krüger, Heinz-Hermann, (1998). Mediengenerationen: Umkehrung
von Lernprozessen? In Jutta Ecarius (Hg.), Was will die jüngere mit der älteren
Generation? (S. 159 - 181). Opladen: Leske + Budrich

Schmidt-Wenzel, Alexandra, (2008). Wie Eltern lernen. Eine empirisch qualitative
Studie zur innerfamilialen Lernkultur. Opladen & Farmington Hills: Barbara
Budrich

Schneeberger, Arthur, (2007). Lehrlingsausbildung in Österreich: Trends - Probleme -
Perspektiven. In Jens Prager & Clemens Wieland (Hg.), Duales Ausbildungssys-
tem - quo vadis? Berufliche Bildung auf neuen Wegen
(S. 91 - 112). Gütersloh: Bertelsmann

Schröder, Hartwig, (2002). Lernen - Lehren - Unterricht. Lernpsychologische und
didaktische Grundlagen. 2. Auflage. Wien: Oldenburg

Soukup, Christoph, (2001). Wissensmanagement - Wissen zwischen Steuerung und
Selbstorganisation. Wiesbaden: Gabler

Steinringer, Johann / Schmid, Kurt, (2000). Was will die Wirtschaft zum Lehranfang.
Bildung und Wirtschaft Nr. 14. Wien: Ibw

Tessaring, Manfred, (2007). Berufsbildung in Europa - Herausforderungen und Strate-
gien. In Jens Prager & Clemens Wieland (Hg.), Duales Ausbildungssystem - quo
vadis? Berufliche Bildung auf neuen Wegen (S. 57 - 76). Gütersloh: Bertelsmann

Teufer, Thomas, (2007). Wissensmanagement und das Wiki-Konzept. Diplomarbeit.
Wien: Universität Wien

Willke, Helmut, (2007). Einführung in das systemische Wissensmanagement. Heidel-
berg: Carl-Auer

8.4.2 Online-Dokumente

Bmwfj, Bundesministerium für Wirtschaft, Familie und Jugend, (2012). Lehrberufe in Österreich. http://lehrberufsliste.m-services.at/download/lehrberufsliste_quer.pdf, (15.08.2012)

Dm, Drogeriemarkt, (2012). Mich kriegt nicht jeder! http://www.kriegt-mich.at/downloads/dm_folder_lehre.pdf, (15.08.2012)

Hascher, Tina, (2011). Lernen dokumentieren und verstehen. Bundesinstitut für Bildungsforschung, Innovation & Entwicklung des österreichischen Schulwesens. https://www.bifie.at/system/files/dl/srdp_hascher_lernen_dokumentieren_2011-12-16.pdf, (15.08.2012)

Ibw, Institut für Bildungsforschung der Wirtschaft, (2011). Das österreichische Bildungssystem. http://www.ibw.at/images/ibw/bbs/bbs_de11.pdf, (15.08.2012)

Rausch, Andreas, (2009). Lernen am Arbeitsplatz und dessen Förderung aus Sicht von Ausbildungsbeteiligten - Ergebnisse einer Interview-Studie im Einzelhandel. http://www.bwpat.de/ausgabe17/rausch_bwpat17.pdf, (15.08.2012)

Röben, Peter, (2006). Ausbilder im lernenden Unternehmen - Ergebnisse aus einem internationalen Forschungsprojekt. Berufs- und Wirtschaftspädagogik online. http://www.bwpat.de/ausgabe9/roeben_bwpat9.pdf, (15.08.2012)

Tiroler Tageszeitung Online, (2012). Nach der Lehre ohne Prüfung an die Uni. http://www.tt.com/Nachrichten/4794851-6/nach-der-lehre-ohne-prüfung-an-die-uni.csp, (15.08.2012)

WKO, Wirtschaftskammer Österreich, (2012). Lehrlingsstatistik 2011. Lehrlinge nach Bundesländern. http://wko.at/statistik/jahrbuch/Lehrling1.pdf, (15.08.2012)

WKO, Wirtschaftskammer Österreich, (2012). Lehrlingsstatistik 2011. Demografische Entwicklung. http://wko.at/statistik/jahrbuch/Lehrling5.pdf, (15.08.2012)

WKO, Wirtschaftskammer Österreich, (2012). Lehrlingsstatistik 2011. Lehrbetriebe und Lehrlinge nach Sparten. http://wko.at/statistik/jahrbuch/Lehrling7.pdf, (15.08.2012)

WKO, Wirtschaftskammer Österreich, (2012). Lehrlingsstatistik 2011. Die zehn häufigsten Lehrberufe. http://wko.at/statistik/jahrbuch/Lehrling6.pdf, (15.08.2012)

9 Anhang

Interviewprotokollbogen

Interviewnummer	Datum	Uhrzeit

Befragte/r

Weitere Informationen

1. Ort, Räumlichkeit

2. Teilnahmemotivation

3. Interviewatmosphäre

4. Stichworte zur Beziehung

5. Interaktion im Interview

6. Schwierige Passagen